中国航空航天产业发展模式转变的实证研究

An empirical study on the transformation of the development mode of China's aerospace industry

吴 燕 著

復旦大學出版社

本书受到上海商学院应用经济学高峰高原学科项目（商务经济学方向）支持。

本书受到上海商学院启明星项目——"中国军民融合发展的进入壁垒变迁及效应研究"（18KY—PQMX—12）支持。

前　言

为了促进经济建设和国防建设共同发展,我国一直在实施军民融合战略,现在已进入军民融合深度发展阶段,下一个五年计划中军民融合深度发展被列为国家重点战略。国防科技工业是军民融合战略实施的重点领域。航空航天产业是国防科技工业的重要组成部分,更是我国高端装备制造业的典型代表,具有高技术含量、高资本要求、高产业带动效应、高人才要求的特点。因此,航空航天产业的军民融合对整个国民经济和国防科技工业发展具有显著拉动作用。

中国航空航天产业受到政府的严格管制,一方面是出于国家安全及历史原因,另一方面则是由于该产业具有显著的自然垄断属性。政府的管制能够避免过度竞争,或是寡头企业滥用市场权利,造成的生产效率的浪费或是社会公平的损失。但是,随着经济改革的不断深入,中国垄断性产业的改革严重滞后,原有体制下的许多僵化和扭曲现象仍然存在,经营绩效距消费者和所有者的要求相去甚远。经济体制改革在竞争性产业和垄断性产业的不平衡严重阻碍了中国经济的市场化进程。同时,中国航空航天产业也出现了越来越多的竞争性领域。航空运输业自然垄断的强度由于其自身经济技术特征的变化及外部需求的冲击,变得越来越弱。商业航天的出现也吸引了众多民营资本进入航天领域。

我国于2004年开始允许非公有资本进入国防科技工业建设领域,到2007年,鼓励各类社会资本通过收购、资产置换、合资等方式进入军工民品企业,这一系列的政策对中国航空航天产业的发展起到了重要的促进作用。现在,一方面政府在慢慢放开政府管制,另一方面,由于市场的不断发展,航空航天产业竞争性业务越来越多。所以,政府经济改革需要继续进行,也必须深化下去。军民融合发展战略正是国防科技工业改革的一个最佳决策。无论是军转民还是民参军,都是致力于引入竞争,打破壁垒,发挥市场的资源配置作用,让国防建设和经济建设共同发展。2017年,习近平总书记针对强军目标强调的重点内容就是军民融合。要更快建立军民融合创新体系,下更大气力推动科技兴军,坚持向科技创新要战斗力。总书记布置的三项具体任务中的第一项就是坚决拆壁垒、破坚冰、去门槛,破除制度藩篱和利益羁绊,构建系统完备的科技军民融合政策制度体系。

在此之前,部分学者通过实证研究发现打破进入壁垒是各垄断行业放松规制进程变化的主要驱动因素,其平均贡献度达到45%以上。1975—2013年,国家各主要垄断行业放松规制进程均呈持续推进趋势。而最主要的驱动因素就是放松进入壁垒。因此,关于国防科技工业进入壁垒的研究,对军民融合深入发展有着重要意义。而航空航天产业是国防科技工业的重要组成部分,从行业性质、行业特点来看可以说是国防科技工业的一个典型代表。笔者认为,军民融合角度的进入壁垒研究有着重要的理论和现实意义。

目前,国内外众多学者都对航空航天产业进行了研究,涉及技术研发领域、工业制造领域、经济领域、政治领域等。但是,从航空航天产业研究状况来看,现有研究主要集中在发展优势、发展战略、技术进步等定性研究上,少数定量研究也主要在国际竞争力、创新效率、关联效应等方面。关于航空航天产业自然垄断属性及行业规制的研究则是从自然垄断角度出发的。在进入壁垒的研究方面,以往学者主要从进入壁垒的几个类别,进入壁垒的衡量,还有中国垄断行业行政管制方面来研究,多是从定性角度分析,缺乏系统性以及理论与实践的结合性。军民融合方面的研究以理论研究为主,实证较少;以实践经验为主,原理较少。虽然众多学者从不同角度研究了军民融合,但由于中国军民融合刚进入深度发展阶段,未发现的问题还有很多,待解决的问题也有很多。从进入壁垒及其成因的角度解析军民融合,从军民融合进程的角度阐述进入壁垒的变动和不同壁垒的相互替代,此类研究还比较有限。

全书遵循"提出问题——分析问题——解决问题"的逻辑思路。从如何拆坚冰、破壁垒,促进航空航天产业军民融合深度发展的问题出发,深入分析了中国航空航天产业军民融合发展的进入壁垒的分类、成因和在军转民、民参军中的具体表现。然后,本书分析了航空航天产业军民融合发展中进入壁垒的历史和现状。在军民融合发展过程中,航空航天产业军转民和民参军两方面所遇到的进入壁垒如何显现和消解,分析了政策性壁垒和市场性壁垒之间的相互替代效应。此外,笔者从产业发展影响因素着手,将军民融合政策指数化,纳入航空航天产业发展影响因素,建立面板模型进行对比分析。最后,根据研究结果,本书提出相应的政策建议,尝试探讨如何打破进入壁垒、合理利用进入壁垒,促进航空航天业的发展。全书的主要内容包括以下四个方面。

首先,本书对中国航空航天产业军民融合发展的进入壁垒作了理论分析,包括中国航空航天产业军民融合发展中进入壁垒的分类、表现和成因。中国航空航天产业军民融合发展主要存在政策性壁垒和市场性壁垒。其中,市场性壁垒又包含了规模经济壁垒、技术壁垒、必要资本量壁垒、产品差异化壁垒和信息不对称壁垒。这些进入壁垒在中国航空航天产业军民融合发展中有着不同的表现,一方面阻碍了潜在竞争企业的进入,另一方面也避免了过度进入导致的无效率。航空航天产业高资本、高技术、高人力要求的特征导致产业本身的进入壁垒非常高,这一点在民参军的过程中得到显著体现。而军转民的过程中,由于军工企业本身的技术、资本、政策优势,进入民用领域面临的壁垒比较容易突破。另外,随着中国航空航天产业的不断发展,进入壁垒比较低的竞争性业务不断出现。

其次,本书对中国航空航天产业军民融合发展中进入壁垒的历史及现状进行分析,包括中国航空航天产业军民融合发展的进入壁垒变迁。笔者从军转民和民参军两个角度来分析,并对中国航空航天产业军民融合发展的进入壁垒进行案例分析,包括C919项目中的进入壁垒分析和商业航天发展的进入壁垒及与军民融合关系分析。在民营企业参与中国航空航天产业的过程中,最开始面临的主要是政策性壁垒,市场性壁垒几乎不发挥作用。随着军民融合的不断推进,政策性壁垒不断降低,到现在则是以政策性壁垒为主而市场性壁垒为辅的状态。政策性壁垒对市场性壁垒有一定的替代效应,这种替代效应主要表现在进入壁垒的内容及作用上。从内容上说,政策性壁垒如目前"四证"的要求,本身包含了对进入企业生产能力、资本、技术等的要求,这从内容上替代了市场性壁垒如技术壁垒、必要资本量壁垒等的要求;从作用上说,由于政策性壁垒的存在,使得市场性壁垒作用大大减弱,也为寻租、效率低下、竞争不足增加了可能性。由于政策性壁垒的降低,市场性壁垒开始慢慢发挥作用,越来越多的民营企业可以进入到航空航天产业中来,通过自主创新、提前布局未来航空航天产业方向、利用多种融资方式和渠道等方法来突破技术壁垒、必要资本量壁垒、规模经济壁垒等市场性壁垒。军转民在我国历史比较久,从20世纪70年代开始的大路货生产,到依托军工优势技术发展的民品,再到现在的以新能源等高技术产业为代表的民品领域。军转民过程中的进入壁垒变迁主要是随着产品不断升级而面临的进入壁垒不断提高的过程。

再次,本书对中国航空航天产业军民融合发展的进入壁垒作了实证分析,包括中国航空航天产业影响因素的实证分析。主要有中国航空航天产业发展的宏观安全形势研究,从军费支出角度实证分析我国周边安全形势变化对军费的影响,中国航空航天产业发展的影响因素。笔者对人力资源、资本、技术、政府规制等因素的作用进行了简要分析,以及对中国航空航天产业发展影响因素进行了分析,包括中国航空航天产业总体情况及中国21个省市自治区航空航天产业发展聚类分析及CD函数分析,军民融合政策对航空航天产业影响的实证分析。在本研究中,军民融合进程用国有企业数量占整个产业的企业数量比例来代表,与人力资源、固定资产投资、R&D投入作为影响因素,主营业务收入作为产出进行第二次面板模型分析,对比分析军民融合进程中政策壁垒消解对产业发展的影响。军民融合计量模型实证结果显示,1995—2016年的回归结果中,代表军民融合政策这一指标的系数为-0.83,其绝对值是几个影响因素中最大的。1995—2009年和2002—2016年这两个时间段中,军民融合政策在后期贡献力度更大,对产业的影响也更为深刻。这说明一系列军民融合政策对中国航空航天产业的发展起到了重要的促进作用。实证结果显示,除了军民融合政策之外的三个因素中,人力资源是对产业发展促进作用最明显的,研发投入的促进作用也要通过人力才能够实现,人才是产业发展的关键影响因素。技术的发展需要长时间的累积,除了科技革命,基本不可能短时间出现跳跃。而且,技术的进步最关键的还是要依靠人,无论是数据还是实践都证明了这一点。

最后,本书根据上文经验分析和实证分析的结果,对于如何合理利用壁垒,促进军民融合深度发展提出相应的建议:(1)区分航空航天产业不同属性业务,采取不同规制政策;(2)完善军民信息通道,降低政策性壁垒,充分发挥市场壁垒的作用;(3)利用进入壁垒,保证国防安全;(4)发挥人力资源的关键促进作用。

在本书的写作中,第一个应该感谢的是我的导师陈晓和老师。陈老师是一个学者,也是一个文人,还是一个军人。作为学者他硕果累累,作为文人他诗词、歌赋、史书典籍信手拈来,作为军人他曾保家卫国受伤退役。陈老师身为博士生导师,在国防领域研究几十年,带出的学生几十人,对学术依然保有孜孜不倦的热情,对学生依旧怀着责任心谆谆教导,这种认真和责任心常常让我们惭愧和感动。还要感谢上海财经大学财经研究所的严剑峰老师,严老师在我写作中几次给出中肯的建议,并且提供了很多资料。可以说,本研究几次大的改变都得益于严老师的建议。非常感谢严老师的教导,严老师高尚的人格和工作作风时刻感染着我。

另外,还要感谢上海财经大学我的同学们,我们相互之间的鼓励和督促让我能够在懈怠的时候继续努力,在困惑的时候有人探讨。研究的过程也是自我认识的过程,所有的痛苦和快乐都是值得的。希望所有人都能够通过努力得到自己想要的幸福生活!

目 录

前言 …………………………………………………………………… 1

第一章　引言 …………………………………………………………… 1
第一节　研究背景和研究意义 ……………………………………… 1
一、研究背景 …………………………………………………… 1
二、研究意义 …………………………………………………… 2
第二节　文献综述及述评 …………………………………………… 4
一、文献综述 …………………………………………………… 4
二、文献述评 …………………………………………………… 9
第三节　研究方法、结构、技术路线及可能的创新与不足 ………… 11
一、研究方法及数据来源 ……………………………………… 11
二、研究结构 …………………………………………………… 12
三、技术路线 …………………………………………………… 13
四、可能的创新与不足 ………………………………………… 14

第二章　相关概念和理论基础 ………………………………………… 16
第一节　相关概念界定 ……………………………………………… 16
一、航空航天产业 ……………………………………………… 16
二、军民融合 …………………………………………………… 18
三、不完全竞争市场 …………………………………………… 20
第二节　相关理论基础 ……………………………………………… 21
一、进入壁垒定义及分类 ……………………………………… 21
二、公共产品规制理论（政府规制）…………………………… 24
三、航空航天产业的政府规制 ………………………………… 25

第三章　航空航天产业发展和军民融合进程的背景分析 …… 27
第一节　航空航天产业发展的历史、现状和未来 …… 27
一、国际航空航天产业发展现状及未来 …… 28
二、中国航空航天产业技术创新效率分析 …… 32
三、中国航空航天产业发展的历史、现状和未来 …… 36
第二节　中国及世界主要国家的军民融合进程介绍 …… 48
一、中国军民融合的历史及现状 …… 48
二、世界主要国家的军民融合进程 …… 52

第四章　中国航空航天产业军民融合发展进入壁垒的理论分析 …… 56
第一节　中国航空航天产业军民融合发展进入壁垒的分类及衡量 …… 56
一、中国航空航天产业军民融合发展进入壁垒的分类 …… 56
二、中国航空航天产业军民融合发展进入壁垒的衡量 …… 57
第二节　中国航空航天产业军民融合发展进入壁垒的表现 …… 58
一、政策壁垒 …… 60
二、规模经济壁垒 …… 63
三、必要资本量壁垒 …… 64
四、技术壁垒 …… 66
五、产品差异化壁垒 …… 68
六、信息不对称壁垒 …… 69
第三节　中国航空航天产业军民融合发展进入壁垒的成因 …… 70
一、政策壁垒 …… 70
二、规模经济壁垒 …… 71
三、必要资本量壁垒 …… 73
四、技术壁垒 …… 75
五、产品差异化壁垒 …… 76
六、信息不对称壁垒 …… 76
第四节　本章小结 …… 76

第五章　中国航空航天产业军民融合发展进入壁垒的历史及现状分析 …… 78
第一节　中国航空航天产业军民融合发展进入壁垒的变迁及替代效应分析 …… 78

　　　　一、军转民过程中进入壁垒的变迁分析 …………………… 79
　　　　二、民参军过程中进入壁垒的变迁及替代效应分析 ………… 82
　　第二节　中国航空航天产业军民融合发展进入壁垒的案例分析 …… 85
　　　　一、C919项目中的进入壁垒分析 ……………………………… 85
　　　　二、商业航天发展的进入壁垒及与军民融合关系分析 ……… 90
　　第三节　本章小结 ……………………………………………………… 95

第六章　进入壁垒对中国航空航天产业发展影响的实证分析 ………… 98
　　第一节　中国航空航天产业发展影响因素研究 ……………………… 98
　　　　一、中国航空航天产业发展影响因素的经验性分析 ………… 98
　　　　二、中国航空航天产业发展的宏观环境因素的实证分析 …… 103
　　　　三、中国航空航天产业发展影响因素贡献实证分析——以
　　　　　　中国航空航天器及设备制造业为例 ……………………… 109
　　第二节　政策壁垒对航空航天产业发展影响的实证分析——以中国
　　　　　　航空航天器及设备制造业为例 …………………………… 113
　　　　一、政策壁垒变动的指标选取 ………………………………… 114
　　　　二、模型建立及结果 …………………………………………… 115
　　第三节　本章小结 ……………………………………………………… 117

第七章　结论及建议 …………………………………………………………… 119
　　第一节　结论 …………………………………………………………… 119
　　　　一、航空航天产业发展中主要存在着政策壁垒和市场壁垒
　　　　　　……………………………………………………………… 119
　　　　二、中国航空航天产业发展中不同性质进入壁垒的业务不断
　　　　　　出现 ………………………………………………………… 120
　　　　三、中国航空航天产业军民融合发展的政策壁垒对市场壁垒
　　　　　　具有替代效应 ……………………………………………… 120
　　　　四、政策壁垒的消解对中国航空航天产业的发展具有明显
　　　　　　促进作用 …………………………………………………… 121
　　　　五、人力资源对中国航空航天产业的发展起到关键促进作用
　　　　　　……………………………………………………………… 121
　　第二节　建议 …………………………………………………………… 121

一、区分航空航天产业不同属性业务,采取不同规制政策 …………………………………………………………… 122

二、完善军民信息通道,降低政策壁垒,充分发挥市场壁垒的作用 …………………………………………………… 123

三、合理利用政策性进入壁垒,保证国防安全 …………… 123

四、发挥人力资源的关键促进作用 ………………………… 124

参考文献 ………………………………………………………… 125

第一章　引　言

第一节　研究背景和研究意义

一、研究背景

　　航空航天产业是国家世界地位的象征,由于其强大的社会效益和经济效益,全球各国都非常重视航空航天产业的发展。在全球范围内,无论是欧美地区,还是亚太地区国家在航空航天产业上都投入巨大,目的是做强本国的航空航天产业,从而在国际市场上占一席之地。发展到现在,航空航天产业已经不再仅限于政治和军事需求,航天产业出现了军民结合的应用卫星,随后又出现了商业应用卫星;而航空产业中民用航空和商用航空也发展得如火如荼。航空航天产业甚至推动了全球经济和社会进步。

　　目前,全球航空市场被欧美国家垄断。近几年,世界航空工业的垄断态势不断增强,以美国与欧洲为首的发达国家处于市场的垄断位置,它们凭借先进的科学技术,垄断了航空工业中的高端产品,这些国家生产的大型飞机与支线飞机等高端技术的航空产品完全占领了航空工业的高端市场。但是,与此同时,商用航空航天经济增长已慢慢转向发展中经济体。随着发展中经济体越来越富裕,大约有18亿人有可能进入全球消费阶层,全世界年收入超过2万美元的家庭中,有60%可能位于发展中经济体。预计未来20年,全球飞机机队将增加一倍以上。欧洲和北美以外的市场大约有60%的需求,而亚太地区有望成为世界上最大的商业航空市场。

　　随着中国经济的飞速发展,中国航空航天产业也进入了快速发展期,正由航空航天大国逐步向强国发展。根据《中国制造2025》的发展蓝图,中国航空航天行业在2020—2030年投资的重点方向包括运载火箭、国家民用空间基础设施、空间宽带互联网、在轨维护与服务系统、载人航天与探月工程以及深空探测。航空航天产业是关系国家安全的战略性产业,也是高端装备制造产业的核心组成部分,将会继续发挥社会效益和经济效益的带动作用,成为中国产业转型升级的核心动力之一。

随着航空航天产业军用、民用和商用领域的不断拓宽,世界各国几乎都陆续将军民融合当作国防建设和经济建设共同发展的重要战略。美国在冷战结束后才开始实施军民一体化政策,在此之前一直是"先军后民,以军带民"。美国90%以上的军火是在私营企业中生产的,其大的军火商没有专门生产军品或民品的,大都是两者兼而有之。根据数据显示,美国有1/3的工业企业承担着生产军品的任务。日本在二战后由于政治上的限制,在发展军民融合方面采取了多种政策,主要是"先军后民、以军掩民、寓军于民"的模式,利用民间企业来掩护发展国防科技。苏联解体以后,俄罗斯与中国一样选择了先军后民。冷战结束后俄罗斯出台了一系列政策和战略发展规划,致力于建立既能够满足军事需求,也能够在国际市场进行民品市场竞争的两用产业。

中国的军民融合政策经历了"军民分离"(1949—1977年)、"军民结合"(1978—2006年)、"军民融合"(2007年至今)三个演变过程。接下来的一段时期则是军民融合的战略机遇期,也是军民融合由初步融合向深度融合过渡,进而实现跨越式发展的关键期。军民融合既是一个渐进的过程,也是一步步细化落实的过程。我国的航空航天产业也在这个过程中不断发生变化。航空航天产业具有高技术、高资本、长周期的特点,因此进入壁垒非常高,主要有政策性壁垒和市场性壁垒,其中市场性壁垒包含规模经济壁垒、必要资本壁垒、技术壁垒等。现在军民融合深度发展就是要拆壁垒、破坚冰,在这个过程中,航空航天产业的进入壁垒不断地出现,也在不断地消解。随着军民融合的不断深化,政策性壁垒在渐渐下降,民营企业在整个航空航天产业中的比例逐年升高。而随着产业政策的宽松,进入壁垒中的市场性壁垒开始发挥作用,高的资本技术要求、规模经济等依然是进入的重要障碍。

二、研究意义

(一) 理论意义

国内外的众多学者都对航空航天产业进行了研究,涉及技术研发领域、工业制造领域、经济领域、政治领域等,这些研究对于航空航天产业及装备制造业的发展都起到重要作用。但是,从航空航天产业研究现状来看,现有研究主要集中在发展优势、发展战略、技术进步等定性研究上,少数定量研究也多关

第一章
引 言

注国际竞争力、创新效率、关联效应等方面。行业影响因素和进入壁垒相关研究比较少,已有的也多是从定性角度分析。关于航空航天产业自然垄断属性及行业规制的研究则是从自然垄断的角度出发,将航空航天作为其中之一来进行研究的。关于航空航天产业发展与影响因素之间的关系缺少定量的研究。在进入壁垒的研究方面,学者主要从进入壁垒的几个类别,进入壁垒的衡量,还有中国垄断行业行政管制方面来研究。在中国,军民融合发展时间较短,而理论研究尚且不足。从进入壁垒角度分析国防科技工业的军民融合进程和进一步推进军民融合发展的着力点,在理论上还没有学者做过研究。因此,本研究除了分析中国航空航天产业的影响因素和产业发展演变的脉络与布局之外,在定性分析的基础上,根据中国航空航天产业发展数据,定量研究各影响因素对产业发展的具体体现;更重要的是,通过理论与实践相结合的方式分析航空航天产业进入壁垒经济学机理的在军转民和民参军中的具体体现;结合中国的军民融合进程,对中国的航空航天产业在军民融合推进中的进入壁垒变迁进行研究,尤其是对政策性壁垒的改革如何对进入壁垒产生影响进行研究。将进入壁垒和军民融合的研究结合起来,研究其互动关系和影响,这在理论上具有重要的意义。

(二) 现实意义

中国航空航天产业受到政府的严格管制,一方面是出于国家安全考量及历史原因;另一方面则是由于该产业具有显著的自然垄断属性,所以必须由政府进行管制才能够避免过度竞争,或是寡头企业滥用市场权利,造成的生产效率的浪费或是社会公平的损失。然而,随着经济体制改革的不断深入,暴露出垄断行业经营效率低下,机制不够灵活,要素扭曲等现象依然存在。竞争性行业的改革一直在推进,而垄断行业在这方面则严重滞后,这种差距也阻碍了我国的市场化进程。另外,随着市场需求的发展和行业技术经济特征的变化,航空航天产业开始具备越来越多的竞争性。现在一方面政府对垄断行业的改革持续推进;另一方面,由于市场的不断发展,航空航天产业开始逐渐出现一些竞争性业务。

戚聿东、李峰(2016)通过对几十个国家的 7 个垄断行业 5 个驱动因素的实证分析发现,打破壁垒是整个垄断行业放松规制进程变化的主要驱动因素,其贡献度达到 45% 以上。在进入壁垒、公共产权、市场结构、垂直一体化四个因素中,航空航天产业最重要的驱动因素就是放松进入壁垒。也就是说,想要进一步放松规制,最重要的一个驱动因素就是打破进入壁垒。我们进一步深化军民融合的关键一步就是继续放松政府规制,而打破进入壁垒是这一步最主要的驱动因素。因此,本书以航空航天产业为例,研究航空航天产业军民融合发展中进入壁垒的分类、表现和成因,梳理在以往军民融合发展军转民和民参军中的表现和变迁,实证分析军民融合在中国航空航天产业发展中的贡献,解释如何在接下来的军民融合深入发展中打破壁垒和合理利用进入壁垒。在军民融合深入发展的今天,从进入壁垒方面来研究航空航天产业,对于打破壁垒、合理利用壁垒,进一步驱动国防科技工业放松规制,促进军民融合深度发展有着重要的现实意义。

第二节 文献综述及述评

一、文献综述

(一)军民融合

中国推进军民融合政策以来,广大学者对这一课题进行了广泛而深刻的研究。针对军用和民用不同领域的军民融合,有装备预研方面、核应急方面、法规方面等研究,对不同方面的军民融合模式方法进行了探索;有专家对不同地区军民融合也进行了分地区研究,对于军民融合对地区产业结构的影响做了实证分析。

1. 军民融合作用机理

贺琨、曾立(2015)从范围经济角度对军民融合机理进行解释;杜人淮(2015)则从推进资源、产品、组织、制度和市场等要素军民融合深度发展的角度来研究如何根据各有自身的内在规定性、各自具有的特定实现形式来推进军民融合;严建峰(2014)、郭永辉(2014)、杜人淮(2015)等专家对军民融合创新系统体系、技术创新机制等进行了研究。郭永辉(2014)从技术创新与制度创新互动关系理论角度分析军民融合制度创新与技术创新之间的关系,从市场制度、产权激励制度和企业制度三个视角分析军民融合技术创新。黄朝峰、鞠晓生、纪建强、孟斌斌(2017)用分工理论研究了军民融合发展促进经济建设和国防建设的作用机制。给定经济技术特征,军民融合演化路径受制于交易效率,取决于分工经济与协调费用的有效折衷;随着交易效率提升,军民融合深化将推动社会生产专业化程度、中间产品种类数、市场规模、技术进步和迁回生产程度同步提升。

2. 军民融合方式

佟京昊、张媛(2015)总结了中国民营企业参与航空航天领域建设的四个模式,现有的大部分是成本优势模式,其余三种分别为投资优势模式(明日宇航工业股份公司)、技术优势模式(丹阳市精密合金厂)、集成优势模式(目前还没有,只有尝试)。其中,成本优势以及伴随成本优势的效率优势是目前民营企业从事军工配套项目最基础和最广泛的发展模式。陈晓和、舒本耀(2007)对非公有制企业参与军民融合的方式方法、推进民营企业参与装备科研生产等进行了研究;张纪海、乔静杰(2016)对军民融合深度发展模式进行了研究,认为军民融合深度发展模式由体制融合、机制融合、法制融合和资源融合构成。体制、机制和法制三大体系的融合,有利于发挥政府在军民融合深度发展过程中的主导作用。

3. 军民融合的内涵及对产业的影响

湛泳、赵纯凯(2017)对资本市场对军民融合的影响进行了实证分析;杜人淮(2010)、王加栋(2009)、杜兰英(2011)等对国外各个国家的军民融合进程、政策法规、具体措施及实施结果,包括这些国外经验对中国的启示进行了研究;卢周来、于连坤、姜鲁鸣(2011)对世界主要国家的军民融合建设进行了评介。还有众多学者对军民融合政策的内涵、外延、重点、对策举措等进行了大量的深入研究。湛泳、赵纯凯(2016)对军民融合对产业结构升级的作用进行了分析。

(二) 进入壁垒

Bain(1959)认为,产业市场进入壁垒可以分为绝对成本优势、产品差异优势、规模经济优势。张纪康(1999)进一步按结构性进入壁垒与行为性进入壁垒对产业市场进入壁垒进行了细化分析。陈明森(1993)分析了进入壁垒的二重作用,即一方面会引起价格扭曲,另一方面也能够提高社会资源的配置效率和社会产品效用。他还分析了进入壁垒失效的四种情况,包括预算约束软化、进入目标的多元化、二元经济结构的比较利益、进入时间眼界;讨论了行政壁垒存在带来的危害,以及当行政壁垒打破,而经济性壁垒尚未完全确立之前,可以构筑法规性壁垒来承担保证资源配置效率的任务。杨大楷、魏巧琴、彭晓播(2002)研究了跨国统一大市场的情况下,国际间特有因素对单纯跨国界进入壁垒的影响。在国际市场上存在的进入壁垒发挥作用有增强和减弱两重效应。由于跨国因素的存在,各个国家政府一方面存在对自己国家产业的保护作用，因此从行政和关税等方面会拉大进入厂商和已有厂商之间的成本差异，也就是增强了进入壁垒的作用。还有，不同国家之间存在的文化差异和背景差异也为其他国家的企业进入本国提高了信息壁垒的高度。不过，从另一方面来说，当一个国家对其他国家潜在进入企业持欢迎态度时，会从行政等多重角度来放松壁垒，这就为潜在进入企业降低了进入壁垒的高度。

汪伟、史晋川（2005）以吉利集团的发展为例研究了中国转型经济环境下民营企业的成长。在中国这样一个不断进行经济体制改革的市场环境中，民营企业的成长伴随着经济体制的不断变化，市场进入壁垒的不断显现又在民营企业的不断应对中消解。均衡状态下，政策性壁垒对市场性壁垒存在部分替代作用，也就是说，由于政府的行政监管，政策性壁垒提高，同时市场性壁垒弱化。随着行政壁垒的放松，市场性壁垒则开始显现，发挥作用。在行政壁垒较高而市场壁垒被替代的环境中，企业政治能力也替代了部分企业家能力。这是我国民营企业发展中的一个独特内容。

刘小玄、张蕊（2014）将垄断和竞争放在同一理论框架内一起讨论，发现在中国这样一个大市场和复杂环境的条件下，垄断和竞争可以同时存在。可竞争市场上也会存在局部垄断；同样，垄断市场也会存在局部竞争性。这种可竞争市场的局部垄断是非经济垄断并且长期存在于不同所有制的企业之间。它使得低效率长期存在并且受到保护，导致资源无效率配置，进一步引起社会福利的损失。而这种公平的损失也导致了大量的腐败现象。

李世英（2005）研究认为，规模经济壁垒与市场绩效是反向关系。另外，企业会根据现有观察到的利润率来决定是否进入，中国企业对市场的反应正在日益成熟。他还认为，如果市场进入壁垒不存在的话，一个没有外力干预的市场竞争机制会是社会福利的最大化。现存的市场进入壁垒如果是能够促进市场效率的，那么，政府不应该对此进行管制；反之，则可以基于有效性和公平性来进行管制。同时，这种管制不应该被称为行政垄断。

孟昌（2010）认为政策性壁垒是不必要的，因为其本身存在的市场性壁垒已经足以发挥作用。而为了避免政策性壁垒导致的行业内无效率，反而应该放松乃至解除行政性壁垒。解除政策性壁垒后，其引发的进入所导致的重复建设损失能够用高效率带来的收益抵消。甚至因为政策性壁垒的存在使得垄断企业的市场性壁垒无法发挥作用，反而诱使潜在竞争者进入。此外，垄断行业失去行政壁垒后会使得价格下降，引发需求上涨，企业的巨额沉淀资本能够得到稀释。根据估算，1991—2002年的10余年里，中国电信业因为政策性导致的垄断进而引起的社会福利损失的净值,已经远超多家企业进入后引起的重复建设的效率损失。从两者的比较来看,电信业是不需要政策壁垒的。邓芳芳、张华勇、王磊(2015)研究认为,沉没成本降低能够提高市场竞争性,但是如果市场存在行政壁垒,那么这个机制难以发挥作用。

戚聿东、李峰(2016)通过对35个国家、7个垄断行业和5个驱动因素1975—2013年的数据进行实证分析,发现打破进入壁垒是各垄断行业放松规制进程变化的主要驱动因素,平均贡献度达到45%以上。Bailey和Panzar(1981)的研究提出,美国大多数干线市场的航空运输符合可竞争市场假设。Charles和Seabright(2001)的研究表明,引入竞争可以大大提高欧美航空运输业的生产效率。2008—2013年,放松进入壁垒规制是中国航空行业放松规制进程的主要驱动因素,其放松规制指数由2008年的42.86上升到2013年的100,增长了近1.5倍,其对2008—2013年航空行业放松规制进程指数增长的贡献度也达到75%。1975—2013年,主要国家各垄断行业放松规制进程均呈持续推进趋势,而最主要的驱动因素就是放松进入壁垒。

罗党论、刘晓龙(2009)认为,由于许多行业的政策性管制,导致行业内大部分为国企。民营企业要成长,必须学会面临政府的管制。因此,民营企业在发展过程中就会试图通过建立良好的政治关系来协助其突破政策壁垒。一旦突破政策壁垒,进入政府管制行业,那么企业绩效就会高于其他行业。这说明一方面垄断行业的超额利润吸引着民营企业;另一方面,政治关系有助于政策壁垒的突破。余汉、蒲勇健、宋增基(2017)认为,有国企参股的民营公司在进入高壁垒行业方面具有优势,并且越是经营环境差的省区,这种优势越明显。

(三)航空航天产业

1. 航空航天产业经济发展状况

国内外对航空航天产业的研究涉及技术研发、工业制造、产业发展等方面,其研究成果对促进技术进步和产业发展都起到了积极的作用。

中科院穆荣平(2003)从竞争实力、竞争潜力和竞争环境三个方面分析了中国航空航天器制造业的国际竞争力。武汉大学秦臻(2007)研究了中国航空航天制造业国际竞争力的特点及问题。董洁、游亚楠(2012)在前人研究基础上提出了自己的评价体系,并且以此为基础对主要国家的航空航天制造业进行了得分排名。朱煜明、陈玮(2010)通过对美国的研究认为应从治理结构和管理机制入手,建立适合中国国情的基于项目的航空航天科技与装备发展战略管理框架。董现珠、毛泽龙(2011)分析了中国航天产业的产业结构及对国民经济的影响和带动效应,预测了中国航天产业军转民的集群化发展趋势。乔佳(2014)从资本实力、人才资源和技术水平三个要素对中国航天产业的竞争力进行了分析。汪洋(2006)分析了国际、国家、产业分层次的航天发展动力模型,以及航天产业各领域持续发展的战略趋向。元方、杨海成、杨凌(2008)分析了中国航天产业军民结合的现状和问题。吴国蔚(2007)调整了波特的钻石模型,在其中增加了一个R&D活动,并赋予各因素以国际化的涵义,得出一个新的钻石模型。新钻石模型理论适用于高技术产业的竞争力分析。通过分析得出,R&D能力、政府与社会资本以及国外资源的充盈对提高中国航天产业竞争力至关重要。

魏然、杨洪政(2012)通过对美国20世纪以来的航空运输业发展市场结构的演变梳理,分析了美国航空市场发展的驱动因素。其认为我国目前航空市场容量与美国还有很大差距,在国内实施竞争政策虽然会加强竞争,有助于公平和效率,但是也会导致在国际市场上的竞争会缺乏规模效应的竞争力。从这方面来说,我国政府反而应该实施以扩大国内航空企业规模为主的政策,以加强其国际竞争力。从规模效应来说,航空企业不应该实施竞争性政策来削弱单个公司的规模竞争力。这就要求我国政府在实施放松管制政策时要采取慎重的态度。

2. 航空航天产业创新研发

郭春、张光明(2009)建立了高科技产业的综合性创新指标,并借此评价高新技术产业的自主创新能力。董晓辉(2013)研究发现中国航空航天科技资源区域配置效率不均衡现象明显。郭鸿雁(2016)用突变级数法构建航空航天业创新能力的指标体系与评价模型,对中国航空航天业创新能力的动态演进与空间格局进行分析,发现次突变时点分别对应2008年与2012年。陈伟、周文(2014)运用三阶段DEA-Windows模型准确测度了航空航天产业的自主创新效率。

3. 航空航天经济效应

陆剑锋、党耀国、曹明霞(2014)分析了中国航空航天制造产业的集聚效应及其与社会福利发展水平之间的关系。此外,还发现国企效率普遍高于外企,但差距在缩小,2010年与2011年的人均产值外企高于国企。这表明进入管制政策在一定程度上能够促进产业发展。赵晓雷、严剑峰、张祥建(2009)利用投入产出分析技术和上海最新投入产出表数据,通过计算和分析直接消耗系数、完全消耗系数、直接分配系数、完全分配系数、影响力系数和感应度系数等指标,研究了航天产业对其他产业的后向关联效应与前向关联效应。

(四) 中国航空航天产业影响因素

王永水、朱平芳(2016)实证研究发现人力资本积累的门槛效应是显著存在的。戴小勇、成力为(2013)研究发现研发投入对企业绩效的影响存在门槛效应,大于第一门槛临界值后这个效应为正,即为促进作用;超过第二门槛后这个作用开始变得不明显。中国经济增长前沿课题组(2015)通过实证分析认为现阶段的结构性改革、可持续增长都是以知识部门的新生产要素供给作为主导力量,以实现跨越式发展。

制度环境中市场化程度和经济开放度均存在双重门槛效应,低市场化程度和经济开放度抑制技术进步的产业结构升级效应,高市场化程度和经济开放度促进技术进步的产业结构升级效应;中国市场化程度和经济开放度整体处于较低水平,中西部地区明显落后于东部发达省区(王艳、潘明明、龚新蜀,2017)。环境规制并不直接作用于中国工业发展的转变,而是通过绿色全要素生产率实现的。并且其存在门槛效应,必须跨越科技创新水平门槛和所有制结构门槛才能真正促进中国工业发展的改革和转变(李斌、彭星、欧阳铭珂,2013)。

余泳泽、张先轸(2015)认为,中国在自主创新的政策中一定程度上被扭曲了,并没有取得预期中的效果。这是因为创新模式选择应该与当地的要素禀赋、制度环境和经济发展阶段相匹配,只有当环境和经济阶段都达到一定程度时采取自主创新才是合适的,否则,在技术引进基础上的模仿创新可能更适合当前的阶段条件。杨汝岱(2015)经过研究发现,中国制造业的成长更需通过改善资源配置来获得新的增长模式。目前,国企在政策支持如此明显的情况下投资效率比民营企业低43%,国企改革重点应该放在改善资源配置效率实现可持续增长上。

二、文献述评

军民融合方面的研究以理论和政策研究为主,实证较少;以实践经验型为主,原理性较少。众多学者从不同角度研究了军民融合,对军民融合的机理、国外军民融合经验、军民融合发展现状和测度、产业结构的升级、军民融合的创新、发展路径等进行了研究。由于中国军民融合刚刚进入深度融合阶段,未发现的问题还有很多,相应待解决的问题也有很多,将军民融合实践操作和成因相结合的研究还比较有限。

进入壁垒方面的文献以理论研究为主,实证研究在逐渐增多。理论研究主要以进入壁垒的分类和几种主要的进入壁垒原因及作用机理为主。国内学者还从涉及跨国的产业进入壁垒、行政壁垒在国内的作用等方面进行了研究。实证方面主要是基于中国特殊的政治和经济环境,以国内上市公司的发展情况和数据为依托,研究进入壁垒在其中发挥的作用。还有就是以中国改革开放和不断市场化、经济改革为大背景研究行政垄断的作用以及必要性。

在中国特殊的政治经济背景下,政策规制壁垒的存在使中国存在特殊的垄断行业。关于垄断行业进入壁垒的影响因素以及壁垒衡量,还有在经济改革过程中政府规制如何改革的研究有很多。关于行政规制造成的垄断,有的研究认为对自然垄断行业进行规制能够减少无效竞争,也有学者认为自然垄断行业自身所存在的壁垒已经足够将潜在竞争者排除在外,不需要额外的政策壁垒发挥作用。而中国自改革开放以来的不断放松规制和市场经济的过程促使了行政管制的不断放松,其中进入壁垒的打破和公共产权制度是主要的驱动因素。围绕政府管制和进入壁垒的实证分析和理论分析都有相关研究,但是对于国防科技工业的军民融合政策与进入壁垒相结合的研究还比较有限。

目前对航空航天产业的实证分析涉及方方面面,有创新效率、技术竞争力、军民结合、产业安全以及产业关联效应等。关于产业自然垄断政府规制的研究多是用管理学方法进行定性分析,实证研究则多是从自然垄断的角度出发,将航空航天产业作为其中一个行业进行研究。对于政府规制则是一方面借鉴了国外经验,另一方面用实证结果说明确实需要政府参与管制,但是管制程度、管制范围需要具体分析,且需要进一步放松管制。关于影响因素方面的研究主要涉及要素扭曲、全要素生产率、要素分配以及不同因素对经济发展的影响效应等,涉及中国的各行各业。但在航空航天产业,对于影响因素的研究则主要在定性方面,以数据作为支撑进行定量研究的则较少。关于影响因素方面的研究,主要是从实证的角度来分别研究人力、资本、研发、环境制度等对产业发展的影响。这种影响具有门槛效应,在一定范围内具有促进作用,而超出一定范围则作用不大。为了促进产业发展,政府会针对不同的产业采取不同的要素支持政策,但在实践中存在一定的要素扭曲和政府政策被扭曲的行为。

第三节 研究方法、结构、技术路线及可能的创新与不足

一、研究方法及数据来源

(一) 统计与计量经济分析法

1. 主成分分析

设第 k 个主成分的方差占总方差的比例为 p_k,则有主成分的计算公式为

$$p_k = \frac{\lambda_k}{\sum_{i=1}^{p} \lambda_i}$$

$$\begin{cases} y_1 = e_{11}x_1 + e_{12}x_2 + \cdots + e_{1m}x_m \\ y_2 = e_{21}x_1 + e_{22}x_2 + \cdots + e_{2m}x_m \\ \vdots \\ y_p = e_{p1}x_1 + e_{p2}x_2 + \cdots + e_{pm}x_m \end{cases}$$

2. 因子分析

因子分析是一种用于数据简化降维的多元统计方法,因子分析法的具体模型可以表示为

$$\begin{pmatrix} X_1 \\ X_2 \\ \vdots \\ X_n \end{pmatrix} = \begin{pmatrix} a_{11} & a_{12} & \cdots & a_{1m} \\ a_{21} & a_{22} & \cdots & a_{2m} \\ \vdots & \vdots & & \vdots \\ a_{n1} & a_{n2} & \cdots & a_{nm} \end{pmatrix} \begin{pmatrix} F_1 \\ F_2 \\ \vdots \\ F_m \end{pmatrix} + \begin{pmatrix} \varepsilon_1 \\ \varepsilon_2 \\ \vdots \\ \varepsilon_n \end{pmatrix}$$

可以记为 $X = AF + E$,式中,$X = (X_1, X_2, \cdots, X_n)$ 为经过标准化处理后的各因变量影响因素所构成的 n 维向量,$F = (F_1, F_2, \cdots, F_n)(m < n)$ 为所提取的各个影响因子,这些因子不相关且方差均为 1。$E = (\varepsilon_1, \varepsilon_2, \varepsilon_n \cdots)$ 代表测量误差,ε_i 只对 X_i 起作用,且 ε_i 之间以及 ε_i 与 F_i 之间不相关。A 为因子载荷矩阵,$a_{ij} = Cov(X_i, F_j)$。

各影响因子可以记为 $F = \Gamma \cdot X$,即

$$\begin{pmatrix} F_1 \\ F_2 \\ \vdots \\ F_m \end{pmatrix} = \begin{pmatrix} \tau_{11} & \tau_{12} & \cdots & \tau_{1n} \\ \tau_{21} & \tau_{22} & \cdots & \tau_{2n} \\ \vdots & \vdots & & \vdots \\ \tau_{m1} & \tau_{m2} & \cdots & \tau_{mn} \end{pmatrix} \begin{pmatrix} X_1 \\ X_2 \\ \vdots \\ X_n \end{pmatrix}$$

主成分分析方法与因子分析方法将主要用于分析周边安全形势对中国国防的影响。

3. 面板数据模型

一般形式的面板数据模型为

$$y_{it} = \alpha_{it} + \beta_{it} x_{it} + \varepsilon_{it}, \quad i=1,\cdots,n; \quad t=1,\cdots,T$$

其中，y_{it} 为因变量，x_{it} 为自变量，i 代表所属省份，t 表示相应的年份，α 为截距项，β 为系数项，ε 为随机误差项。在进行计量分析时，应用豪斯曼检验对模型固定或者随机效应进行判断。该方法将用于构建面板计量模型实证分析，并比较全国及相关省份航空航天产业发展影响因素，包括资本、人力资源、技术、资源、政策等因素贡献。

（二）比较与归纳分析

第一，比较不同发展时期航空航天产业军民融合状况；第二，比较与归纳在军转民和民参军过程中的进入壁垒情况；第三，比较不同时期航空航天产业进入壁垒变迁情况；第四，比较分析军民融合政策对两个时间段航空航天产业发展的影响。

（三）数据来源

航空航天产业相关数据来自 1995—2016 年《高技术统计年鉴》。世界各国军费数据来自斯德哥尔摩国际和平研究所 1990—2015 年世界军费数据库。中国航空航天器制造业是航空航天产业发展中关键的一部分，从数据来源的可得性和完整性考虑，本书的实证研究均以中国航空航天器制造业的数据来进行分析。

二、研究结构

（1）研究背景及意义，文献综述。

（2）相关概念和理论基础。航空航天、军民融合、不完全竞争市场等基本概念和进入壁垒、自然垄断与政府规制理论。

第一章
引 言

（3）航空航天产业发展和军民融合进程背景分析。① 航空航天产业发展的历史、现状和未来，包括国际航空航天产业发展现状和未来，以及中国航空航天产业发展的历史、现状和未来。② 中国及世界主要国家的军民融合进程介绍。

（4）中国航空航天产业军民融合发展的进入壁垒理论分析。① 中国航空航天产业军民融合发展中进入壁垒的分类。② 中国航空航天产业军民融合发展中进入壁垒的表现。③ 中国航空航天产业军民融合发展中进入壁垒的成因。

（5）中国航空航天产业军民融合发展中进入壁垒的历史及现状分析。① 中国航空航天产业军民融合发展的进入壁垒变迁，从军转民和民参军两个角度来分析。② 中国航空航天产业军民融合发展的进入壁垒案例分析，包括C919项目中的进入壁垒分析和商业航天发展的进入壁垒及与军民融合关系分析。

（6）中国航空航天产业军民融合发展的进入壁垒实证分析。① 中国航空航天产业影响因素的实证分析，包括中国航空航天产业发展的宏观安全形势研究。从军费支出角度实证分析我国周边安全形势变化对军费的影响，中国航空航天产业发展的影响因素。对包括人力资源、资本、技术、政府规制等因素的作用进行简要分析，中国航空航天产业发展影响因素贡献分析。对中国航空航天产业总体情况及中国21个省市自治区航空航天产业发展聚类分析及CD函数分析。② 军民融合政策对航空航天产业影响的实证分析。将军民融合进程用国有企业数量占整个产业的企业数量比例来代表，与人力资源、固定资产投资、R&D投入作为影响因素，主营业务收入作为产出进行第二次面板模型分析，对比分析军民融合进程中政策壁垒消解对产业发展的影响。

（7）结论及政策建议。根据上述经验分析和实证分析的结果，对于如何合理利用进入壁垒，促进军民融合深度发展提出相应的建议。一方面对中国航空航天产业的发展提供一些建议；另一方面对中国在军民融合方面的经济改革，尤其是航空航天产业的政府规制方面给出一些建议。

三、技术路线

全书遵循"提出问题——分析问题——解决问题"的逻辑思路（如图1.1技术路线图）。从如何拆坚冰、破壁垒，促进航空航天产业军民融合深度发展的问题出发，深入分析了中国航空航天产业进入壁垒的分类、成因和在军转民、民参军中的具体实践。然后，分析了航空航天产业军民融合发展中进入壁垒的历史和现状,在军民融合发展过程中,航空航天产业军转民和民参军两方面所遇到的进入壁垒如何显现和消解。接着,从产业发展影响因素着手,并且将军民融合政策指数化,纳入航空航天产业发展影响因素,建立面板模型进行对比分析。最后,根据研究结果,提出相应的政策建议,如何利用进入壁垒、消除进入壁垒,促进航空航天业的发展。

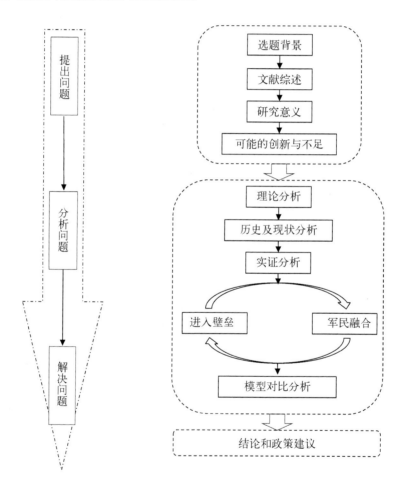

图 1.1 技术路线图

四、可能的创新与不足

(1) 在研究方法上,将军民融合政策的推进过程用相关指标替代,纳入影响因素并构建不同时间段计量模型,对比分析军民融合政策不断推进所代表的政策壁垒的降低对产业发展的作用。

(2) 在研究视角上,将产业的进入壁垒研究与军民融合进程相结合。从进入壁垒的角度解析军民融合深度发展,又从军民融合的角度分析在这个过程中军工企业和民营企业如何面对壁垒、消解壁垒。

(3) 在研究内容上,将航空航天产业发展过程中的具体实践与进入壁垒的成因结合起来进行分析,并通过航空与航天领域的两个典型案例来解析进入壁垒情况。

(4) 在研究观点上,本研究发现在中国航空航天产业发展过程中,最开始主要是政策性壁垒,而市场性壁垒几乎不发挥作用,随着军民融合的不断推进,政策性壁垒不断降低。现在则是以政策性壁垒为主而市场性壁垒为辅的状态,政策性壁垒对市场性壁垒有一定的替代效应。

在军民融合政策的不断推进中,市场性壁垒的显现过程对产业发展的影响还缺少量化研究。一方面是因为现有军民融合推进政策还需要进一步推进,政策需要更长的作用期;另一方面也是由于暂时还无法获知数据。这一点将在未来的研究工作中继续进行。

第二章 相关概念和理论基础

第一节 相关概念界定

一、航空航天产业

航空航天产业可分为航空和航天两方面,也可以分为军用和民用两方面。其中,航空指的是载人或非载人飞行器在大气层中的航行活动,而航天指的是载人或非载人的航天器在大气层外的宇宙空间中进行的航空活动。航空航天产业涵盖了航空航天领域从设计、研发、制造到应用的整个产业链。

2013年10月,在中华人民共和国国家统计局发布的《高技术产业(制造业)分类(2013)的通知》中,航空、航天器及设备制造分为飞机制造,航天器制造,航空、航天相关设备制造,其他航空航天器制造四类,如表2.1所示。

表 2.1 航空、航天器及设备制造业分类

名 称	国民经济行业分类代码
飞机制造	3741
航天器制造	3742
航空、航天相关设备制造	3743
其他航空航天器制造	3749

资料来源:国家统计局。

如图2.1所示,航空业包含了航空器制造业和航空器运营业。其中,航空器制造业又包括飞机制造、直升机制造、发动机制造等制造领域,航空器运营业则包括商业航空、通用航空和军用航空。这些业务又分别有各细分行业的机载设备研制和检测、维修业务。

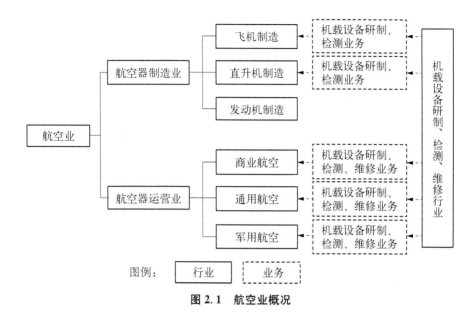

图 2.1 航空业概况

表 2.2 是美国航天经济的构成,美国航天经济中的商用领域几乎都是由私人企业来完成的,政府的航天预算一方面起到一个补充和引导的作用,另一方面主要是用于军事航天领域。航天产业中产品包括弹、箭、星、船、器五大类,也就是导弹、火箭、卫星、飞船和探测器。航天产业包括空间技术、空间科学和空间应用三大领域。

表 2.2 美国航天基金会定义的航天经济构成

类 别	构 成 要 素	数 据 来 源
商业基础设施与保障	商业卫星制造	欧洲航天产业协会
	商业卫星发射	欧洲航天产业协会
	地面站和地面设备	欧洲全球导航卫星系统局,其他渠道
	航天保险	信利集团 XL carlin
	独立研发活动	私营公司投入的研发经费
	亚轨道商业飞行	维珍银河和 XCOR 公司存量订单费用
商业航天产品与服务	卫星电视直播到户	美国卫星产业协会
	卫星音频广播	天狼星 XM 公司
	固定卫星服务	美国卫星产业协会

续表

类　别	构　成　要　素	数　据　来　源
商业航天产品与服务	移动卫星服务	美国卫星产业协会
	商业对地观测	美国北方天空研究公司
政府航天预算	各国政府航天预算,包括民用航天预算和军事航天预算	政府官方网站及官方报告

资料来源:《2017—2023年中国航天产业专项调研及投资前景预测报告》。

二、军民融合

美国国会技术评价局(OTA,1994)把军民融合或军民一体化(CMI)定义为"把国防科技工业基础(DTIB)同更大的民用科技工业基础(CTIB)结合起来,组成一个统一的国家科技工业基础(NTIB)的过程"。杜人淮认为"军民融合深度发展就是破除国防和军队建设体系与经济社会建设体系的壁垒,把国防和军队建设与经济社会建设有机结合起来,组成统一的国家建设体系,最大程度凝聚国防和军队建设与经济社会建设发展合力,发挥好国防和军队建设与经济社会发展的双向支撑拉动作用,实现国防和军队建设与经济社会建设综合效益最大化的过程、制度安排和发展模式"。

军民融合中的"军"是指国防和军队建设,包括军品、军工、军事、军口等,主体是国防科技工业和国防动员部门;"民"是指经济和社会建设,包括民用科技工业、民品、民口、民事等,主体是民用科技工业和应急管理部门。军民融合包括基础结合、体制机制结合、经济结合三方面。基础结合包含了基础、设备设施、人力资本等,属于军民融合产业的投入;体制机制结合包含了管理机制、资源配置方式、运行机制等,属于军民融合产业的运行;经济结合包含了产品、产业、规模与效益,是军民融合的产出部分。从宏观角度说,军民融合是经济建设和国防建设统筹发展;从部门层次来说,军民融合主要涉及军工部门、军队、民口、军工集团及其他大型企业集团等;从微观角度说,军民融合主要涉及企事业单位等。航空航天业作为军民融合发展的重要组成部分,面临着重要的机遇,也存在诸多需要研究解决的问题,比如,产业发展壁垒的理解与分析就是重要的环节。图2.2是军民融合深度发展所希望达到的目的解析,最终实现国防科技工业与国家科技工业的融合以及军事人力和国家人力的融合。

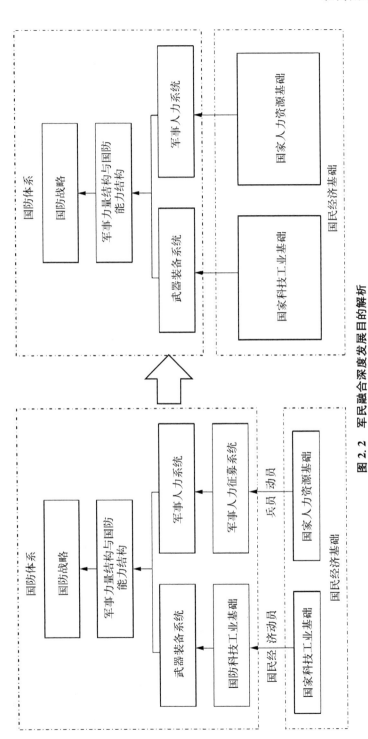

图 2.2 军民融合深度发展目的解析

中国推进的军民融合具备以下三个特点。

一是"三双"——双向参与、双向转化、双向支持。其中,双向参与表现为军参与民、民参与军,民参与军则包含了科研生产和维修、检测等服务保障活动;双向转化则表现为产品、技术、设备、设施、工程等的军转民用、民转军用;双向支持则表现为拥军优属、拥政爱民,即军爱民、民拥军,密切军政军民关系,巩固军政军民团结,创新发展双拥工作等。

二是"三共"——军民共性、军民共享、军民共生。其中,军民共性主要表现为军民技术、设备、设施、工程、标准、计量、生产线等多方面的两用型;军民共享则表现为设备、设施、装备、材料、人员、技术、成果、生产线、工厂实验室、试验场等资源、产品和场所的共用;军民共生表现为军民基础设施、重大工程等共同建设,军民人才共同培养使用,军民科技发展协同开发和创新,军地重大应急共同参与等等。

三是"三互"——互相嵌入、互为一体、互为依托。其中,互相嵌入指的是产品、技术、工程等军民功能互嵌,军地战略规划互嵌;互为一体在宏观层次上指的是军民一体化管理、一体化统筹、一体化协调、一体化布局,中观层次上指的是军民产业一体化、区域发展军民一体化,微观层次上指的是军民实体一体化,这个可通过相互收购、兼并、重组等多种方式达成,军民活动一体化则指的是在研究、生产、检测、维修、采购、物流、服务等多方面的一体化;互为依托指的是经济社会建设依托国防和军队建设,"以军带民"。国防和军队建设依托经济社会建设,"以民强军",发挥双向支撑拉动作用。

三、不完全竞争市场

完全竞争市场和不完全竞争市场关键区别是面临的需求曲线不同,不完全竞争市场或多或少带有一定垄断因素。当厂商能够影响市场价格时,它面临的需求曲线不再是一条水平的直线,而是向右下方倾斜的曲线。这表明如果在一定范围内提高价格,需求也不会降到零,我们称此时的厂商具有"市场势力"(market power),具有市场势力的厂商制定的最优价格将高于边际成本,从而获得正的利润(李明志,2014)。

由于完全竞争市场上供给是足够大的,因而供给者不具有控制价格的能力。而不完全竞争市场则由于面临的是斜向下的需求曲线,所以对市场有一定的控制能力,也就是说,可以获取超额利润而不会引起其他厂商的进入。不完全竞争市场上厂商具备的这种能力就是市场势力,这种势力的存在有多种原因,它能够建立起行业壁垒,使得其潜在竞争者无法进入,这被称为进入壁垒。根据厂商市场势力的大小可以将不完全竞争市场分为完全垄断市场、寡头垄断市场和垄断竞争市场。其中,完全垄断市场的垄断程度最高,寡头垄断市场居中,垄断竞争市场最低。就产业特点来看,航空航天业中的企业大多属于典型的寡头市场类型。

第二节 相关理论基础

一、进入壁垒定义及分类

在现实世界中,不同市场的生产者行为模式非常不同,一些市场缺少竞争。经济理论上,垄断生产者提供的产品没有替代选择,是唯一的供应商;事实上,由于法律上的障碍等原因,在现代经济中很难找到真正的垄断者,而寡头垄断更为常见。垄断者通过减少产量来使价格高于竞争水平的能力被称为市场势力(market power)。生产小麦的10万农民无法拥有市场势力,因为每个农民只能以当前的市场价格出售小麦,但当地水务公司则有一定的市场势力,它可以提高价格而不至于失去很多客户,因为他们别无选择。作为增加利润的一个重要手段,垄断者可以降低产量并提高价格,这与完全竞争行业形成了鲜明的对比。在完全竞争的情况下,当竞争者进入市场时,经济利润通常是零,但在垄断的情况下,利润不会消失——垄断企业可以在很长一段时间内实现经济利润(保罗·克鲁格曼等,2012)。

如果一个有利可图的垄断继续存在,其他公司不会对垄断者的利润视而不见,然而其他公司并不是可以那么容易进入这个行业的,这些阻止或者不利于其他企业进入的因素就称为"进入壁垒"。Stigler(1968)将"进入壁垒"一词的意义限定于仅限于获得的而不是现有的企业面临的额外成本,进入壁垒可以定义为必须寻求到 x 行业的企业不是由企业承担(在每个行业的产出水平或某些生产成本)。在施蒂格勒看来,如果进入者能够获得与现有企业相同的企业成本曲线,那么规模经济并不构成进入壁垒。竞争者只能进入市场,产出与现有产品相同的产量,并享受与现有产品相同的低成本。施蒂格勒还认为,只有当企业的资本成本高于现有的企业成本时,至少对资本的高绝对需求所要求的最优规模经营是一种进入壁垒。我们有理由相信这是真的。同样,只有当进入者形成一个特定层次的差异化成本高于现有企业时,产品差异化才是进入壁垒(Stigler,1968)。冯·威泽克在进入壁垒的定义中引入了福利效应(Von Weizsacker,1980a,b),这进一步扩展了施蒂格勒的方法。他对进入壁垒的定义做了如下的描述:进一步提高进入壁垒的门槛必须是进入x行业,而不是企业已经成为行业企业的生产成本。从社会的角度来看,这种生产成本意味着资源配置的扭曲。概括起来,七种主要的进入壁垒包括政策壁垒、规模经济壁垒、必要资本量壁垒、技术壁垒、产品差异化壁垒、绝对成本优势壁垒和策略性行为形成的壁垒。

(一) 政策壁垒

政府鼓励发明和创造给予临时产权,相当于给予暂时的垄断,因此,现在最重要的政策垄断来自专利和版权。此外,政府颁布的法律、法令和政策也会导致进入壁垒。政府宏观调控往往把新企业纳入政策和法律的管理和约束,形成准入壁垒。某些企业需要获得批准和许可,比如,相关的进出口许可证、融资的限制、专利制度、环境保护税收政策等,形成了巨大的交易成本和新企业的进入壁垒。因此,一般来说,国家政策、法律法规所形成的进入壁垒,是企业无法控制的外生变量。

(二) 规模经济壁垒

平均总成本随着产量的增加而下降,这种现象被称为规模经济。当平均总成本随着产出的增加而下降时,企业往往会扩张。在一个规模越来越大的行业里,通常是大公司盈利更多,而小公司被挤出行业。由规模收益增量所触发和维持的垄断被称为自然垄断。自然垄断的定义特征是,在一定的生产范围内,该行业的规模化产量正在增加。当企业的经营需要较大的固定成本时,某一大型企业生产的某一产品的平均总成本要低于两家或多家小型企业所需的平均总成本。现代经济中最明显的自然垄断是公用事业,例如自来水、天然气、电力、本地电信服务;大多数航空航天企业也具有自然垄断属性。

(三) 必要资本量壁垒

必要的资本是新企业进入市场的基本条件。在不同的行业中,必要的资本数额随着技术、生产和销售的特点而大不相同。必要的资本越大,筹集的难度越大,新企业进入市场越困难,这是资本壁垒。比如,在化工行业,新企业进入市场的资本通常是非常大的,这不仅导致融资困难,而且,融资成本通常高于市场现有企业的资本成本。因此,必要资本量壁垒往往成为新企业进入市场的主要障碍。

(四) 技术壁垒

那些所拥有技术持续优于潜在竞争对手的公司可能会成为垄断企业,因此技术优势显然是进入壁垒的一种。然而,技术优势并不是一个长期的进入壁垒,因为随着时间的推移,竞争对手也可能投入资金改善技术,并与技术领先者竞争。

(五) 产品差异化壁垒

产品差异化是指企业在向顾客提供产品的过程中,通过产品、服务以及销售上采取特殊的行动以引发客户的偏好,将自己的产品与其他企业的产品区别开来,从而在与其他企业的竞争中占据优势地位。产品差异化会因为企业的广告和法律的支持得到加强。产品差异化壁垒则是指潜在竞争企业面临的已在位企业的产品差异化所占据的优势。

(六) 策略性行为壁垒

这是指卖方高度集中在寡头垄断行业,通过相互协调和实施控制行业利润率,形成供求失衡、歧视性价格等影响新企业进入市场的行为。

在实践中,一些行业进入壁垒只是由于经济原因,一些行业进入壁垒则是由经济、战略和政策原因造成的。对于一个特定的新企业来说,进入壁垒通常是上述因素的结合,而不是单一的进入壁垒因素。航空航天业则是一个典型的多种壁垒叠加的行业,既有政策壁垒,也有资金、技术等壁垒。

(七) 绝对成本优势

控制一个行业的重要资源或投入的垄断者可以阻止其他公司进入市场,包括原材料的控制,拥有技术专利、销售渠道和运输系统,控制市场和行业专家和技术工人拥有等,使得现有的各级企业生产的平均成本绝对低于潜在进入者,即存在绝对成本优势企业和形成了进入壁垒。

在中国,除了经济垄断,还在很多竞争性领域存在着非经济性垄断。一般来说,由于进入壁垒的存在,垄断利润总是高于社会平均利润,这也是高额垄断利润的来源。然而,刘小玄、张蕊(2014)研究非经济垄断结果,发现其却形成了低于竞争利润的反常效果,究其根源是进入壁垒导致的,这一屏障保护了企业的市场份额和高成本。事实上,背后隐藏着高成本租金寻租、在职消费、高工资、福利、关联方交易等。这是垄断超额利润的另一个表现,它不创造新的价值,和进入壁垒的不合理垄断产生超额利润,导致社会福利的损失。我们看到进入壁垒分割了市场,形成了大大小小的非经济势力控制的局部市场。

在这些势力范围内,垄断者在各种力量的帮助下构建障碍,从而为新进入者带来了巨大的隐性进入成本。进入壁垒带来的非经济垄断是造成社会效率损失的根本原因,也是企业效率低下的直接根源。

另外,在跨国的情况下,进入壁垒也会有不同的表现。原有的进入壁垒依然存在,但会根据进入国家对该产业的相关政策而被放大或者减小。当东道国对该产业实施保护政策的情况下,那么外来进入企业所遇到的进入壁垒会被放大,再加上信息不对称和当地文化环境的不适应,进入壁垒会进一步变高。而相反,若是东道国对该产业实施引进政策,给予扶持和各种优惠政策的话,那么会大大降低进入企业所面临的进入壁垒。

二、公共产品规制理论(政府规制)

政府干预的重要理论基础之一是公共产品,即公共产品供给失灵,因此可以说,政府和公共部门存在的意义是提供社会公共产品供给。公共产品是具有共同消费性质的商品和服务,是用来满足公众需求的。这是私人产品的对立面。相对于私人产品的特征来说,公共产品具有以下特征。

(1) 效用的不可分割性。整体性的效用(非可分性)指的是面向整个社会提供公共产品、公共福利或者联合消费,其效用是由成员共享的社会作为一个整体;而不是被分成几个部分,分别属于享受个人或制造商。

(2) 受益的非排他性。非排他性指的是个人不支付公共产品的费用,或者排除于享受公共产品之外。这从技术上来说是不可能的,或者在技术上是可行的,但对经济的高成本来说是不可行的。

(3) 消费的非竞争性。非竞争性包括两层含义,一是产品的边际成本为零,二是交通拥堵费为零。每个消费者的消费不影响其他消费者的消费数量和质量,因此,公共产品可以被定义为所有社会成员的同等数量的商品,其边际成本为零。

从上面提到的第二和第三个特征,可以推导出公共物品的另一个特征,即消费的不可抵赖性。任何人都不会拒绝享受公共产品的好处。在公共产品的两个基本特征中,非竞争性是公共产品的基本属性,是由公共产品的因素决定的,非排他性是由外生因素决定的。航空航天产业作为国防科技工业的重要组成部分,具有最典型的公共产品的特点,同时,在军民融合的大背景大趋势下,它又需要市场的介入。

三、航空航天产业的政府规制

企业在进入政府管制行业时主要是遇到管制性壁垒的阻碍。首先,军工企业属于特定功能类国企,在实现利润的同时,还需要服务于国家战略,保障国家安全和国民经济运行,因此要保持国有资本的控股地位。其次,中国航空航天产业具备的规模经济效应的特点控制行业中企业的数量也能够减少无效竞争,提高市场效率。中国航空航天产业一直以来都是政府规制程度很高的行业之一,航空航天产业政策规制如此严格,原因主要有以下两个方面。

(一)自然垄断

根据自然垄断的标准成本次可加性来看,陈林、刘小玄(2014)认为,航空航天制造业是典型的自然垄断产业,即存在规模收益递增以确保更大的生产者具有更低的平均总成本。独占经营时社会生产成本最低,政府实施一定程度的市场准入规制从节约成本提高效率的角度来说是可行的。在许多国家,应对自然垄断问题的优先选择是公有制(pubic ownership)。与允许私人垄断者控制行业不同,政府建立起一个公共机构来提供商品并保护消费者的利益。例如,在英国,1987年以前的航空旅行都是由国有的英国航空公司提供(这些公司仍然存在,但它们现在已经被私有化,与各自行业的其他公司进行竞争)。公有制的优势基本上在于,公有的自然垄断能够以效率而非利润最大化为标准来确定价格。在完全竞争行业中,利润最大化的行为是有效率的,因为生产者制定的价格等于边际成本。然而,从实践来看,将公有制作为解决自然垄断问题的方法在实践中常常收效欠佳。原因在于,与私人企业相比,公有制企业缺乏降低成本或提供高质量产品的热情。另一个原因是,公有制企业所具有政治关系会使得它服务于政治利益——为有适当关系的人工作。例如,美铁曾臭名昭著地提供了到达一些几乎没有乘客的目的地的亏本服务——因为这些地区居住着有影响力的议员(保罗·克鲁格曼等,2012)。而就我国来说,由于行业的自然垄断属性,航空航天企业大部分都是国企,民营企业很少能够参与,并且参与门槛非常高,也正因为行业的管制,这些国企长期存在着效率低下的问题。

(二)国防安全

军工产业是一个国家国防安全的基石,航空航天产业涉及的武器装备及技术都是国家军工力量的核心支撑。尤其在20世纪冷战时期,国家的武器装备实力代表着国家是否具备保护国家安全的能力。出于这种重要的意义,中国的军工产业一开始全部是由国家来主导的,从投资、研发、制造到使用,都是由国家部门负责完成。而后,经过不断的改革,成为国有控股企业,现在的十二大军工集团均是由此而来。现在,随着军民融合的不断深入,为了统筹经济建设和国防建设共同发展,航空航天产业不断优化政府规制,国家的管制政策发生了很大的改变。但是,不可否认的是,航空航天产业的许多方面还依然是,也必须是掌握在国家手中。航空航天产业的资本来源、研发、技术专利、航空航天器制造等依旧需要国家政策进行规范和引导,这是由航空航天产业的军工属性和国防安全属性所决定的。

第三章 航空航天产业发展和军民融合进程的背景分析

第一节 航空航天产业发展的历史、现状和未来

世界航天的发展经历了从神话传说、科学幻想、科学探索到第一颗人造地球卫星成功发射、应用卫星发展和卫星应用系统普及等阶段。航天技术最早发端于国防科研和军事需要,为政治和军事目的服务。航天技术首先在军事领域里得到应用,支持并加速了航天技术和航天产业的发展进程。随着政治和军事需求得到满足和国际形势缓和,出现了军民结合的应用卫星,随后又出现了商业应用卫星。直到现在,已形成各类卫星应用系统。航天技术成果也向民用产业扩展,新设备、新技术在其他部门得到了广泛应用。航天技术不再仅仅为政治和军事服务,也为社会经济和社会生活服务,体现了它的经济效益和社会效益,甚至推动了全球经济和社会进步。21世纪是人类全面进入空间、开发空间和利用空间的世纪,空间军事化、工业化和商业化的发展十分迅速,对国家政治、军事、经济、科技以及人们的日常生活等方方面面产生了深远影响。因此,世界各国都十分重视发展航天技术。

随着经济的发展和商业的全球化,世界各国人民之间的关系越来越紧密,飞行渐渐成为一种便捷的出行方式,物流行业的发展也越来越依赖航空这种运输方式。目前,每年有超过30亿人次的航空运输和超过5 000万吨的货物输送,产值大约是2.4万亿美元。尤其是我国航空运输,发展更为迅猛。未来全球民航运输产业将会不断增长,世界范围的军用飞机和通用航空飞机产业也会飞速发展。这种发展所引起的联动作用能够积极促进航空相关制造产业及维修产业市场容量的不断提升。

一、国际航空航天产业发展现状及未来

（一）国际航空航天产业发展现状

1. 全球航空市场被欧美国家垄断

自航空工业出现以来，美国与欧洲一直居于垄断地位。近几年，世界航空工业的垄断态势不断增强，以美国与欧洲为首的发达国家处于市场的垄断位置，它们凭借先进的科学技术，垄断了航空工业中的高端产品，这些国家生产的大型飞机与支线飞机等高端技术的航空产品完全占领了航空工业的高端市场。2015年，北美和欧洲占全球商用飞机交付量的一半左右，占总产量的90%，占总销售额的95%。

全球航空市场主要有4家飞机制造厂商，包括欧洲的空客、美国的波音、加拿大的庞巴迪和巴西航空工业公司。其中，空客和波音占据了明显的寡头地位。在2010年世界航空航天100强企业中，美国在航空航天制造行业遥遥领先其他国家，且欧美地区在航空航天制造业方面的发展水平要远远超过亚洲等地区。

据2015年发布的世界500强企业名单，其中航空航天与防务领域，全世界有11家企业上榜，而美国仍占据主要地位，有5家企业上榜，波音公司仍稳居该领域榜首，荷兰的空中客车公司位于第二。中国有3家企业上榜，分别为中国航空工业集团公司、中国航天科技集团公司和中国兵器工业集团公司，英国有两家公司上榜，而庞巴迪公司和巴西航空工业公司则不在其列。这说明中国的航空航天工业经过5年的发展，已经在世界航空航天制造行业占有了一席之地（见表3.1）。

表3.1 2015年世界500强航天与防务上榜企业

序　号	国　家	企　业　名　称	世界500强排名
1	美国	波音（BOEING）	85
2	美国	联合技术公司	149
3	美国	洛克希德-马丁	237
4	美国	通用动力	386
5	美国	美国诺斯洛普格拉曼公司	494

续 表

序 号	国 家	企 业 名 称	世界500强排名
6	荷兰	空中客车集团	106
7	中国	中国航空工业集团公司	159
8	中国	中国航天科技集团公司	437
9	中国	中国兵器工业集团公司	144
10	英国	BAE系统公司	468
11	英国	罗尔斯·罗伊斯公司	498

2. 航天市场,美国稳居第一

根据美国富创公司2014年发布的2008—2014年全球航天竞争力指数可知,美国一直稳居第一,其竞争力指数相对于其他国家或地区遥遥领先,可见美国在航天制造业方面的实力。

另外,从中国与世界的宇宙开发业绩来看(见表3.2),中国的发射次数距离美国、俄罗斯尚有很大距离,与欧洲相比相差不多,同时远超日本和印度。"飞天"宇航员人数和停留时间则较为落后,但是发射成功率非常高。总体来看,中国的航天事业正在迎头赶上,相信未来几十年会有更大的发展。

表3.2 中国与世界的宇宙开发业绩

	中 国	美 国	俄罗斯	欧 洲	日 本	印 度
火箭发射次数(次)	230	1 609	3 218	259	97	48
发射成功率(%)	94.3	91.1	93.8	95	91.8	79.2
"飞天"宇航员人数(人)	10	334	119	46	10	1
宇航员停留太空合计天数(日)	100	17 000	25 000	2 300	1 071	7

资料来源:日本科学技术振兴机构发布的《世界航天技术能力比较(2015年度)》。
注:发射次数、成功率为1957—2015年的累计。俄罗斯的数据包括苏联的数据。

从图3.1可以看到,我国在全年总发射次数上已经与美国持平,居全球第一。但是从应用领域来看,我国民用较多,商用方面则与美国有很大差距。

3. 国际竞争加剧

航空航天制造业是一个国家世界地位的象征,全球范围内,无论是欧美地

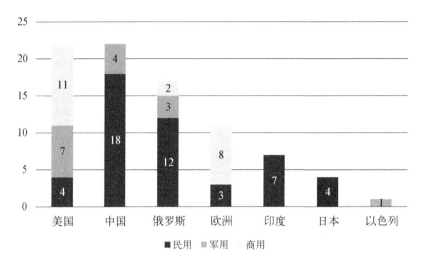

图 3.1 2016 年全球航天发射次数

区国家还是亚太地区国家在航空航天工业上都投入巨大,目的是做强本国的航空航天工业,从而在国际市场上占一席之地。

作为航空航天制造行业第一强国的美国,其在航天工业上的投资约占全球所有国家航天投资总和的 75%。随着国际竞争的加剧,掌控美国航天业的美国航空航天局(NASA)为了维持并提升目前美国航空航天在国际上的领先地位,通过竞价招标吸引私企参与到航天科技的研发中,从而保证探索太空所需的足够资金。同时,商业航天在美国航天产业中所占比例越来越大。而紧随美国之后的俄罗斯,凭借其先前在航天与导弹技术方面累积的优势,在航空航天方面经费有限的情况下,扬长避短,将资金投入到航天与导弹等重点项目上,保证了其在航空航天业的重要地位。日本在航空航天产业方面的资金投入一直保持增长趋势,年平均增长率高达 5.6%。日本凭借其在制造业领域的实力,在亚洲一直保持领先地位。此外,韩国、印度等亚洲国家的航天预算也都处于快速增长的状态,这些国家在航空航天业方面的实力不断增强。最具代表性的国家为印度,目前印度已经较好地掌握了航天以及导弹相关的科技,并且具有完整的科研生产体系和较大的生产规模。

从预算上来看,欧洲航天 2016 年预算比 2015 年大涨 18%,日本 2016 年相较 2015 年增加 2.4%,印度航天预算也是持续走高,比 2016 年增长了 16%。其他国家,如以色列提出 5 年内要使航天经济规模达到 30 亿美元,计划大力推进商业航天发展。可以看到,各个国家都对航天产业非常重视,国际竞争不断加剧。

4. 商用航空航天市场的经济增长已转向发展中经济体

新兴市场的消费总量可能会从2010年的12万亿美元增加到2025年的30万亿美元(麦肯锡全球研究院,2012年)。随着发展中经济体越来越富裕,大约18亿人可能进入全球消费阶层,全世界年收入超过2万美元的家庭中,有60%可能位于发展中经济体(麦肯锡全球研究院,2013年)。到2025年,新兴市场可能占全球制成品需求的近70%(Strube,2017)。

这种转变的规模和速度也在商业航空领域发挥作用,因为家庭收入的增加正在扩大负担得起航空旅行的消费者类别。根据空中客车公司(Airbus GMF 2015—2034)人均数据显示,到2034年,中国人民的飞行速度将与欧洲人一样。此外,航空公司一般财务状况更好,对吸收燃料价格波动和融资成本等风险更有信心。由于新兴市场需求强劲增长,尤其是窄体飞机的需求增长,预计未来20年全球飞机机队将增加一倍以上。欧洲和北美以外的市场大约有60%的需求,而亚太地区有望成为世界上最大的商业航空市场。

(二)国际航空航天制造行业的市场趋势

1. 需求持续扩大,利润持续增长

国际航空运输协会的统计数据显示,2012—2016年,全球航空业的净利润分别为61亿美元、106亿美元、199亿美元、353亿美元和394亿美元。主营业务销售收入与利润呈持续增长趋势,预示着全球航空航天工业的蓬勃发展。

2. 航空航天业务占主导地位

在全球航空航天百强企业的各项业务中,航空航天业务占主导地位。2015年,全球航空航天百强企业的销售收入中大部分属于航空航天产品的销售收入,从百强企业总体销售额上看,航空航天业务位于所有业务之首。

3. 更加注重基础科研

航空航天工业的发展离不开科研力量,航空航天产品的许多工艺都需要科学技术作为支撑,需要先进的生产技术与管理方法。美国、欧洲及亚太地区国家在航空航天工业科研方面的投入占据了企业销售收入的大部分,可见科研对于航空航天工业发展的重要作用。

二、中国航空航天产业技术创新效率分析

这一章节利用 14 个省份 2000—2015 年的数据来测算创新效率及其分解指标变动,分析各个省份航空航天产业发展过程中创新效率的发展主要是由哪些因素推进的,这对于了解航空航天产业创新推动情况有着直接意义。

(一) Malmquist 指数及技术创新效率

数据包络分析(data envelopment analysis,DEA)是美国著名运筹学家 Charnes 等提出的一种效率评价方法。Malmquist 指数是衡量全要素生产率从 t 期到 t+1 期的动态变化指数,当该指数值大于 1 时,表明从 t 期到 t+1 期全要素生产率呈上升趋势,效率有所提高;当该指数值小于 1 时,表明从 t 期到 t+1 期全要素生产率呈下降趋势;若等于 1 则表示不变。综合技术效率变化指数(TEC)表示从 t 期到 t+1 期每个观察对象相对于生产前沿的追赶程度,即企业在 t 期到 t+1 期的技术效率变动程度。生产活动中,该指标反映了企业管理方法的优劣以及管理决策层的正确与否。当 TEC 大于 1 时,表示技术效率改善,即企业管理方式与决策正确;当 TEC 小于 1 时,表示技术效率恶化,即企业管理方式与决策不当。技术进步指数(TC)表示企业在 t 期到 t+1 期生产前沿面的移动,代表了生产技术变化的程度。生产活动中,该指标反映了技术进步或创新的程度。当 TC 大于 1 时,表示生产边界外移,即整体产业技术进步;当 TC 小于 1 时,表示生产边界向原点移动,即整体产业有衰退的趋势。

(二) 中国航空航天产业各地 Malmquist 指数

本章节选择 1999—2013 年中国航空航天产业 14 个省份和直辖市的面板数据来计算 Malmquist 指数,并将指数分解成技术进步指数、技术效率指数、纯技术效率指数和规模效率指数。这 14 个省份和直辖市为北京、河北、辽宁、黑龙江、上海、江苏、安徽、江西、河南、湖北、湖南、四川、贵州、陕西。产出指标为各省份和直辖市航空航天产业的当年主营业务收入(亿元),投入指标为各省份和直辖市航空航天产业的从业人员年平均人数(人)、R&D 经费内部支出(万元)、固定资产投资额(亿元)。数据均来自 1999—2013 年的《中国高技术产业统计年鉴》。以下是用 DEAP2.0 软件计算出的结果。

由表 3.3 和表 3.4 可以看到,中国航空航天产业 1999—2013 年 14 个省

份和直辖市的全要素增长率均值除了2004年和2009年外几乎都是大于1的,而每个省份和直辖市15年的均值则是全部大于1的。也就是说,中国航空航天产业整体上生产率是不断进步的。

表 3.3 中国 14 个省份和直辖市航空航天企业平均 Malmquist 指数变化及分解年度均值

年 份	技术效率	技术进步	纯技术效率	规模效率	全要素生产率
2000	1.17	0.86	1.11	1.06	1.00
2001	0.98	1.02	0.97	1.01	1.00
2002	0.91	1.14	0.97	0.94	1.04
2003	0.83	1.53	0.87	0.95	1.27
2004	1.40	0.68	1.17	1.19	0.95
2005	0.83	1.65	0.88	0.94	1.37
2006	0.99	1.26	1.01	0.97	1.24
2007	1.20	0.88	1.12	1.08	1.06
2008	0.97	1.16	1.01	0.96	1.13
2009	1.08	0.85	0.98	1.10	0.92
2010	1.08	1.04	1.07	1.01	1.12
2011	0.84	1.44	0.91	0.92	1.20
2012	0.84	1.20	0.90	0.93	1.00
2013	1.10	0.97	0.98	1.13	1.07
均值	1.00	1.09	0.99	1.01	1.09

表 3.4 中国 14 个省份和直辖市 1999—2013 年航空航天企业 Malmquist 指数 15 年均值

省 份	技术效率	技术进步	纯技术效率	规模效率	全要素生产率
北 京	0.95	1.08	0.95	1.00	1.02
河 北	1.09	1.05	1.04	1.05	1.14
辽 宁	1.04	1.09	1.04	1.00	1.13
黑龙江	0.99	1.14	0.98	1.01	1.13

续 表

省　份	技术效率	技术进步	纯技术效率	规模效率	全要素生产率
上　海	0.96	1.09	0.97	0.99	1.04
江　苏	1.01	1.15	1.00	1.01	1.16
安　徽	1.02	1.12	1.00	1.02	1.14
江　西	1.00	1.12	1.00	1.00	1.12
河　南	1.05	1.02	0.96	1.09	1.07
湖　北	1.00	1.08	1.00	1.00	1.08
湖　南	1.00	1.06	1.01	0.99	1.06
四　川	0.95	1.08	0.95	1.00	1.02
贵　州	0.99	1.04	1.00	0.99	1.03
陕　西	1.03	1.14	1.00	1.03	1.16
均　值	1.00	1.09	0.99	1.01	1.09

从表3.3可以看出,全要素生产率在1999—2013年的15年中,只有2004和2009年小于1,其他均大于1,表明中国航空航天产业的整体生产率呈上升趋势。1999—2013年,平均全要素增长率为1.09,但平均技术效率为1,而技术进步指数为1.09,也就是说,生产率的增长主要靠技术进步,即生产前沿面向外移动,而非技术效率的提高,这说明技术进步已经成为驱动产业生产率提高的主要因素。中国航空航天产业是高科技产业,又关系到国防安全,国家每年会投入大量人力财力支持航空航天产业,但是从数据来看,技术效率水平15年来并没有太大进步,航空航天产业各个省份的资源配置和企业管理能力没有对生产效率的提高做出贡献,生产率的提高靠技术进步居多。

从表3.4可以看到,1999—2013年,14个省份和直辖市15年的全要素生产率均值都是大于1的,表明这15年中14个省份的生产率都是增加的,一方面这是国家重视和投入的结果,另一方面这也符合生产不断进步的大趋势。尤其可以看到,技术进步指数也全部大于1,这表明中国航空航天产业的技术实力越来越强,科研能力对生产力的提高贡献了大部分。另外,可以看到,规模效率基本都大于1,最低为0.99,表明规模效率也是不断增加的。与此同时,可看到纯技术效率则有多个省份小于1,大于1的仅有湖北、河北、辽宁三个省,还有几个等于1,这表明15年来大部分省份和直辖市的航空航天企业管理和决策能力并不乐观,对生产率的提高要么毫无帮助,要么拖了后腿。

(三) 结果及分析

综合以上分析可以看到,这15年中我国14个省份和直辖市航空航天产业的生产率整体是增加的,其中对生产率增加的贡献主要依靠技术进步,而非技术效率的提高。这14个省份和直辖市在15年间的规模效率几乎不变,而大部分省份和直辖市的纯技术效率则是不变或下降。由于综合技术效率为纯技术效率和规模效率的乘积,综合技术效率在这15年间是下降的。这表示大部分省份和直辖市航空航天企业的管理和决策水平没有改善或是略有下降,对整体生产率的提高并无助益,甚至存在负作用。为什么会是这样的结果,可以从以下三个方面进行分析。

第一,航空航天器及设备制造业产业集中度非常高。2015年,航空航天及设备制造业中17.54%的企业主营业务收入占整个行业的64.53%,其中飞机制造业中27.52%的企业主营业务收入占整个行业的75.65%,航天器制造业中30%的企业主营业务收入占整个行业的59.81%。航空航天器及设备制造业中的大型企业基本上从2005年开始占比就固定在17%左右,这些企业的主营业务收入占比也一直在70%以上。这种集中度极其高的市场结构使得航空航天器制造业的大企业在面对市场竞争时没有过大的竞争压力。第二,这些占比很高的大企业大部分是国企。航空航天产业的军工国企相对于民营企业来说,由于长期依靠国家订单吃饭,缺乏市场竞争,其灵活性、市场反应能力、资源配置能力都较低。第三,由于国防属于公共产品,而航空航天器制造业中的军品生产属于公共产品的供给,政府每年投入大量资本进行研发和生产。由于国有资本的特殊性,没有成本约束的国有资本投资对被投资企业来讲意味着丧失了价值创造的压力,企业的整体素质和综合竞争力也随之下降。因此,要提高我国航空航天器制造业的技术效率,在国家的政策和资金支持以外,更应重视整个产业的市场结构的改善,吸引管理水平和经营效率较高的民营企业的进入。目前,军民融合深度发展已经成为国家战略,这是打破军民之间壁垒、提高资源配置效率、提升航空航天军工企业管理决策水平的一个有效且必需的途径。这对于提升我国航空航天及装备制造业的发展水平,进而带动其他相关产业的创新发展都有着重要的意义。

三、中国航空航天产业发展的历史、现状和未来

(一) 中国航空航天产业发展背景

1. 发展历史和现状

航空航天产业的发展是 21 世纪科学技术飞速发展、社会经济突飞猛进的结果。航空航天产业聚集了众多的高科技成果,是高端装备制造业的代表,其技术水平更能体现国家科技实力。随着中国经济的飞速发展,中国航空航天产业也处于稳步发展中。

中华人民共和国成立后,中国的工业在极度落后的基础上起步,而航空航天产业也刚刚开始走上正轨。改革开放又为航空航天工业注入了活力和动力。中国经过 30 年的改革开放和经济发展,航空航天工业得到国家持续的政策和资本支持。1952 年,国家成立了国防部第五研究院,这也是中国航天科技集团公司、中国航天科工集团公司最早的前身。中央人民政府重工业部航空工业局主管航空事业。在航空航天产业发展初期,我们在技术上严重滞后于国际水平,人才也严重短缺,只有一部分科学家响应党的号召,回国开始航空航天事业。他们只能通过可以获取的整机开始一点点仿制、反设计,再一步步进行创新,到 20 世纪 60 年代,基本转入自行设计阶段。经过这些领路人的努力,中国开始有了自己的武器装备,有了自己的核心技术,也有了自己的航空航天产品和企业。而在经过几代人的努力之后,中国的航空事业已经发展成为一个集科研、生产、教学和贸易于一体的完整的工业体系。现在,中国已经有独立研制和发展新型号以及设计制造高性能飞机的能力,2017 年,中国首款按照最新国际适航标准,自行组装的民用大飞机 C919 首飞成功。未来,发动机也将完全采用我们自行研制的,这对于航空产业来说也会是一个巨大的进步。

中国航空航天工业经过不断的改革、发展和进步,现在已经走向世界,达到了相当的规模,也形成了包含整个研究、设计、生产制造和实验的体系。建立了各种符合国际水准的发射中心和由国内地面站、远程跟踪测量船组成的测控网和多种卫星系统;建立了空间科学研究系统,组建了高素质、高技术水平的科研队伍人员。航天工业则成功研制了长征系列运载火箭、各类卫星和东风一系列的导弹。中国航天事业是在国民工业比较薄弱、技术水平相对落后以及特殊的国情、特定的历史情况下发展起来的。中国的卫星回收、一箭多星、低温燃料火箭技术、捆绑火箭技术以及静止轨道卫星发射与测控等许多重

要技术领域已经跻身世界先进行列,在遥感卫星研制及其应用、通信卫星研制及其应用、载人飞船实验以及空间微重力实验等方面均取得重大成果。

这一阶段是努力追赶的时期,从国际上来说,我们还没有与国际航空航天大企业竞争的实力;从国内来说,由于政府的管制和对产业的支持,再加上当时民营资本实力尚弱,因此并没有同类企业进行市场竞争,这是航空航天企业寡头垄断的时期。当前世界航空产业转变趋势不断加剧,国内航空市场持续增加,为中国航空产业发展提供了巨大的市场空间。现在,中国的十二大军工集团中有4个属于航空航天产业,包括中国航天科技集团公司、中国航天科工集团公司、中国航空工业集团公司、中国航空发动机集团有限公司。中国航空工业集团公司包含航空装备、运输机、发动机、直升机、机载设备与系统、通用飞机、航空研究、飞行试验、贸易物流、资产管理、金融、工程建设、汽车等产业板块。国产大飞机C919试飞成功标志着中国的民航终于打破了从欧美进口波音飞机和空客飞机的垄断局面,为中国民航飞机注入了新的血液。与此同时,中国航天产业也进入了快速发展期,正由航天大国逐步向航天强国发展。航天应用范围不断拓展,目前中国已经有2 000多项航天技术成果应用于城市管理、环境监测、应急救援、气象工程、安防安保等民用领域,产生的经济效益已超过每年1 200亿元。航天工业是关系国家安全和建设的,具有重要战略意义的行业。航天产业是关系国家安全的战略性产业,也是高端装备制造产业的核心组成部分,是中国产业转型升级的核心动力之一。

2. **国家政策的历史及现状**

近几年来,政府对自然垄断行业的改革力度逐渐加大,改革重点放在引入竞争机制。2005年出台的"36条"明确允许非公有资本进入垄断行业和领域,2010年出台的"新36条"进一步提出要鼓励和引导民间资本进入国防科技工业,党的十八大以来的一系列改革措施主要集中在行政审批与破除行政垄断方面。2014年国务院出台的《关于促进市场公平竞争维护市场正常秩序的若干意见》明确提出引入竞争机制,放开自然垄断行业竞争性业务,这是国家的改革进一步深化的标志。自然垄断行业几乎一直都是国家政府控制,现在,政策上的放松是国家进一步将经济市场化的一个重要步骤。

与此同时,在国防科技工业的改革方面,习近平总书记在2017年"两会"结束后的解放军代表团小组讨论会上也明确提出军民融合是今后的工作重点,拆坚冰、破壁垒、去门槛,破除制度藩篱和利益羁绊,构建系统完备的科技军民融合政策制度体系。要加快建立军民融合创新体系,下更大力气推动科技兴军,坚持向科技创新要战斗力。在习近平看来,"我们完全有条件把科技领域军民融合搞得更好一些、更快一些"。他提出,要推动搞好顶层设计和战略筹划,推动国防科技和武器装备军民融合,推动军地合力培育军事人才。

高端装备制造业因为其技术含量高、附加值带动作用强,对于整个国民经济都有重要的带动作用。而且现在科技发展是推动经济发展的重要推动力,高端装备制造业发展势头非常迅猛,已经成为各个地方政府的重要产业。作为高端装备产业代表的航空航天产业更是政府的重点发展领域。

3. 发展前景

随着航空运输和通用航空服务市场的不断增长,航空制造业市场规模也逐渐得到发展和壮大。《中国制造2025》将通用航空制造业作为未来发展的重点产业之一,要大力推动直升机、无人机、通用飞机的产业化和国产化。此外,根据中国航空工业集团2013年的预测,随着中国空域管理改革和低空空域开放的推进,未来20年,中国航空服务需求将持续增加,特别是通用飞机、直升机和无人机市场将会迅速增长,新增至少5 200架民用飞机,价值不低于7 500亿美元。

根据《中国制造2025》的发展规划,2020—2030年,投资的重点产品主要包括干线飞机、支线飞机、直升机、通用飞机、无人机五大类。特别是超短距离飞行起降滑行的通用飞机,因其既可以大大减少修建通用机场的土地使用面积,也可以减少前期建设成本,是未来投资和开发的重点。

航天事业不仅关乎国家战略利益和国家安全,同时,也是国家创新管理、资源开发、信息传输、空间科学和空间应用等领域不可或缺的重要行业。国家航天局秘书长2016年在《中国航天创新发展报告》中指出,中国卫星产业年产值超过2 000亿元,"十二五"期间将会基本建成国家民用空间基础设施体系,大力推动空间技术、空间科学和空间应用的全面协调发展,实现空间服务信息应用规模化和产业化发展。根据《中国制造2025》的发展蓝图,中国航空航天行业在2020—2030年投资的重点方向包括运载火箭、国家民用空间基础设施、空间宽带互联网、在轨维护与服务系统、载人航天与探月工程以及深空探测。关键共性技术的投资方向包括大推力火箭发动机及重型运载火箭技术,天地一体化系统及组网技术,长寿命、高可靠、高定位精度先进卫星平台技术,高性能、新型有效载荷技术,载人航天及在轨维护与服务关键技术以及深空探测关键技术。除此之外,可重复使用的天地往返运输系统,低成本、高可靠的固体运载器,因其竞争优势和广阔的商业应用前景,也将成为未来投资的重点。微小型卫星星座的研制、组建及应用也有可能成为空间技术发展领域的一个重要投资方向。

4. 军民融合

20世纪80年代,中央根据国际环境提出"和平与发展是当今时代的主题"思想,在认真分析了中国军备与世界先进武器的差距后,明确指出"军备落后,有的要减产,有的要停产",要求部队要服从全面、照顾全局,提出"全面规划、突出重点,有计划、按比例发展我军装备"的指导思想,从此军品任务陡降。1982年,确定了军工企业"军民结合、平战结合、军品优先、以民养军"的指导方针,强调军工企业要从改革中找出路。从此,军工企业解放思想、转变观念、丢掉幻想,从封闭或半封闭状态迈向"军转民,内转外"的主战场。国企开始改革,航空航天企业身为国企,也在不断改革。在此阶段,航空航天企业开始涉及民品,参与市场竞争,针对国企的种种弊端着手改革,这一阶段发展了众多的优势民品。以航空工业为例,1999年以前,七成多的企业有两种或两种以上的支柱或重点民品。1998年,全行业民品产值254亿元,占航空工业总产值的81%,其中,支柱产品、重点产品的民用产品产值占我国航空工业总产值的76.3%,成为主要经济来源。航空工业发展了汽车制造及配件、冰箱、纺织制造、食品与包装机械、机械设备及工具产品、医疗制药机械、高精度液压基础件、节能环保、电气等产品。这些支柱民品随着岁月的流逝,有1/3退出市场或被其他行业兼并,半数以上仍在市场中拼搏,有的也形成一定规模。

2007年,中央军委下发《"十一五"期间推进军队后勤保障和其他保障社会化的意见》,该政策从制度上对民参军的途径和方式给予了说明和支持,发布后极大地激发了民营企业进入国防科技领域的热情。

2014年8月,习近平同志在中央政治局第十七次集体学习中表示,一定要坚定不移地走军民融合式创新之路;2015年5月,在中央全面深化改革领导小组第十二次会议上再次重申,统筹推进军民融合创新。2017年1月22日,成立了中央军民融合发展委员会。在2017年召开军民融合发展委员会第一次全体会议后,国防科工局又发布了具体的工作任务,军民融合战略进入细化落实阶段。

可以看到,从20世纪以来,中国的军民融合政策经历了"军民分离"(1949—1977年)、"军民结合"(1978—2006年)、"军民融合"(2007年至今)三个演变过程。接下来的一段时期则是军民融合的战略机遇期,也是军民融合由初步融合向深度融合过渡,进而实现跨越式发展的关键期。军民融合是一个渐进的过程,也是一步步细化落实的过程。

(二) 中国航空航天器制造业规模分析

1. 资产规模增速趋稳

如表3.5所示,自2009年以来,航空、航天器及设备制造业资产规模除了在2014年稍微下降以外,总体都在快速上升,由2009年的208.2亿元上升至2016年的5 986.43亿元。可以看到,2012年,飞机制造和航天器制造都有所下降,而航空、航天器及设备制造业是增加的,故而主要增加在其他类目里。2014年,飞机制造资产下降,而航天器制造则是上升的,这说明2014年航天器制造发展迅速,而飞机制造则略有下降。

2. 固定资产投资规模持续增长

2000—2015年,中国航空、航天器及设备制造业的固定投资总额从43.23亿元上升到1 073.69亿元,投资额增幅达到24.83倍。除了2011年增速为负外,其余各年增速均为正(见表3.6)。可见这十几年里,国家对于发展航空航天制造业的投资力度之大,也说明了中国航空航天制造业的潜力。

分行业看,飞机制造行业的投资额也从2000年的31.71亿元增加到2015年的569.76亿元;而航天器制造行业投资额从2000年的11.52亿元增加到2011年的111.91亿元后,逐年递减,到2015年,投资额减少至39.91亿元(见表3.6)。由于《中国高技术产业统计年鉴》中统计口径的变化,数据只更新到2015年。

3. 新开工及建成投产项目稳步增加

如表3.7所示,2000—2016年,航空、航天器及设备制造业的项目数量稳步增加。施工项目在2000年总数达331个,2005年只有181个,之后稳步增加,到2016年,施工项目总数达462个。但是,从具体数据看,飞机制造业和航天器制造业施工项目个数比较稳定,增加的施工项目主要为除了飞机制造业和航天器制造业外的其他相关设备制造项目。同样,新开工项目总数除2000年规模较大外,之后各年均稳步增加,飞机制造业的新开工项目个数在2000年达到160个,之后各年基本保持稳定,到2016年,比前几年稍有增加,达到136个,而航天器制造业新开工项目则从2005年的7个增加至2012年的25个之后,连续两年下降,2014年仅有10个,因此,新开工的主要为其他相关设备制造项目(见表3.8)。

航空、航天器及设备制造业的建成投产项目数在2000年为168个,2005年为73个,之后稳步增加,到2013年达到191个,2014年稍有下降,为181个,2016年又达到244个。分行业看,2005—2016年,飞机制造建成投产项目先减少后增加,航天器制造业建成投产项目则是先增加后减少,而后又增加(见表3.9)。

表 3.5　2009—2016 年中国航空航天器及设备制造业资产总计

（单位：亿元）

	2009 年	2010 年	2011 年	2012 年	2013 年	2014 年	2015 年	2016 年
航空、航天器及设备制造业	208.20	3 199.50	3 670.05	4 093.20	4 675.06	4 596.70	5 136.93	5 986.43
飞机制造	206.51	2 968.90	3 394.39	3 166.20	3 620.09	3 372.10	3 550.25	4 271.41
航天器制造	0.08	211.10	275.66	282.90	355.72	411.90	427.67	424.22

资料来源：《中国高技术产业统计年鉴》。

表 3.6　2000—2015 年中国航空航天器及设备制造业固定资产投资规模

（单位：亿元）

	2000 年	2005 年	2007 年	2008 年	2009 年	2010 年	2011 年	2012 年	2013 年	2014 年	2015 年
航空、航天器及设备制造业	43.23	69.99	126.56	159.31	274.20	416.99	398.29	644.57	854.72	942.79	1 073.69
飞机制造	31.71	64.21	112.46	137.73	222.24	331.65	286.37	320.53	328.54	448.93	569.76
航天器制造	11.52	5.78	14.09	21.58	48.18	78.93	111.91	55.98	55.22	26.32	39.91

资料来源：《中国高技术产业统计年鉴》。

表 3.7　2000—2016 年中国航空航天器及设备制造业施工项目统计

（单位：个）

	施　工　项　目								
	2000 年	2005 年	2010 年	2011 年	2012 年	2013 年	2014 年	2015 年	2016 年
飞机制造	274	159	144	137	130	127	141	141	195
航天器制造	57	22	32	51	40	31	21	25	28
航空、航天器及设备制造业	331	181	190	188	330	370	375	422	462

资料来源：《中国高技术产业统计年鉴》。

表 3.8 2000—2016 年中国航空航天器及设备制造业新开工项目统计

(单位：个)

	新 开 工 项 目								
	2000 年	2005 年	2010 年	2011 年	2012 年	2013 年	2014 年	2015 年	2016 年
飞机制造	160	61	60	63	61	63	79	70	136
航天器制造	36	7	14	23	25	14	10	16	18
航空、航天器及设备制造业	196	68	80	86	180	206	215	250	325

资料来源：《中国高技术产业统计年鉴》。

表 3.9 2000—2016 年中国航空航天器及设备制造业建成投产项目统计

(单位：个)

	建 成 投 产 项 目								
	2000 年	2005 年	2010 年	2011 年	2012 年	2013 年	2014 年	2015 年	2016 年
飞机制造	155	64	57	37	58	58	63	66	106
航天器制造	13	9	16	22	21	20	10	19	18
航空、航天器及设备制造业	168	73	73	59	155	191	181	252	244

资料来源：《中国高技术产业统计年鉴》。

因此,2005 年以前,中国主要处于大规模的飞机和航天器基础设施投入阶段,而后来的 11 年则是相关配套设施投入阶段,这意味着中国航空航天制造业的产业链日趋完善。

(三) 中国航空航天器及设备制造业的运行情况

如表 3.10 所示,可以看到以下两点。

(1) 主营业务收入稳步上升,增速放缓。中国航空航天制造行业规模以上企业的主营业务收入呈现逐年递增的趋势。2016 年,实现主营业务收入为 3 801.67 亿元,比 2000 年的 377.8 亿元增加了 9 倍多。

(2) 利润持续快速增长。中国航空航天制造行业总利润逐年递增,2016 年利润总额为 224.39 亿元,比 2000 年的 3.8 亿元增加了 59 倍。

(四) 中国航空航天设备行业产业结构分析

1. 企业所有制结构

中国航空航天设备制造企业绝大多数为国有及国有控股企业,仅有少部分企业为其他所有制企业,但是,其他所有制企业数量呈现逐年递增的趋势。从产值上看,其他所有制结构的企业总产值也在逐年递增。随着航空航天行业发展的逐渐成熟,将会有更多的民营企业参与其中,满足不断增加的民用需求。

2016 年,中国航空航天器及设备制造业中国有及国有控股企业资产总额为 5 986.43 亿元,同比增长 16.54%,增速为历年来最高(见表 3.11)。2010—2016 年,中国航空航天设备制造行业主营业务收入逐年增加,国有及国有控股企业历年都是最高的,但是也能看到国有及国有控股的主营业务收入占总的主营业务收入的占比在逐年减少。2016 年,国有及国有控股企业主营业务收入为 2 569.89 亿元,同比增长 7.6%。国有及国有控股企业资产占全部企业的比率和航空航天器制造业国有及国有控股企业主营业务收入占全部企业的比率都非常高,但是也能看到是连年递减的。这说明航空航天产业有越来越多的民营资本和外资资本进入,航空航天器制造业越来越具有竞争性。

2. 市场集中度

产业集中度是反映产业内资源在不同企业间分布的状况,集中度即集中的程度。产业集中度是针对特定产业而言的集中度,是用于衡量产业竞争性和垄断性的最常用指标。表 3.12 是航空航天产业 2005—2016 年企业数及主营业务收入。

表 3.10 2000—2016 年中国航空航天器及设备制造业主营业务收入及利润总额

(单位：亿元)

		2000年	2010年	2011年	2012年	2013年	2014年	2015年	2016年
主营业务收入	航空、航天器及设备制造业	377.80	1 592.40	1 934.30	2 329.90	2 853.15	3 027.56	3 412.57	3 801.67
	飞机制造	335.10	1 496.10	1 808.60	1 689.80	2 071.67	2 100.36	2 283.51	2 438.19
	航天器制造	42.80	96.30	125.80	140.30	183.51	221.10	211.46	228.93
利润总额	航空、航天器及设备制造业	3.80	81.30	104.00	121.80	139.27	170.35	196.06	224.39
	飞机制造	3.80	72.50	91.30	80.10	86.50	104.99	124.60	122.01
	航天器制造	—	8.70	12.60	11.40	13.96	15.79	16.70	15.33

资料来源：《中国高技术产业数据库》。

表 3.11 中国航空航天器及设备制造业国有及国有控股企业资产、主营业务收入及占比

	2010年	2011年	2012年	2013年	2014年	2015年	2016年
航空航天器制造业资产总计(亿元)	3 199.50	3 670.05	4 093.20	4 675.06	4 596.70	5 136.93	5 986.43
航空航天器制造业国有及国有控股企业资产总计(亿元)	2 965.90	3 371.50	3 710.40	4 172.62	4 014.70	4 452.51	4 369.67
国有及国有控股企业资产占全部企业的比率(%)	92.70	91.87	90.65	89.25	87.34	86.68	73.00
航空航天器制造业主营业务收入(亿元)	1 592.40	1 934.30	2 329.90	2 853.15	3 027.56	3 412.57	3 801.67
航空航天器制造业国有及国有控股企业主营业务收入(亿元)	1 337.00	1 519.50	1 787.60	2 131.44	2 155.87	2 400.52	2 569.89
航空航天器制造业国有及国有控股企业主营业务收入占全部企业的比率(%)	83.96	78.56	76.72	74.70	71.21	70.34	67.60

资料来源：中国科技部、国家统计局以及国家发展和改革委员会。

表 3.12 中国航空航天器及设备制造业 2005—2016 年企业数及主营业务收入

	2005 年	2006 年	2007 年	2008 年	2009 年	2010 年	2011 年	2012 年	2013 年	2014 年	2015 年	2016 年
总企业数(个) 航空、航天器及设备制造业	167	173	181	217	220	237	224	304	318	338	382	425
飞机制造	143	144	155	183	186	197	182	123	126	136	149	162
航天器制造	24	29	26	34	34	40	42	27	29	28	30	26
总主营业务收入(亿元) 航空、航天器及设备制造业	781.40	798.88	1 006.36	1 162.00	1 322.80	1 592.40	1 934.30	2 329.90	2 853.15	3 027.56	3 412.57	3 801.67
飞机制造	735.30	746.74	943.51	1 088.70	1 245.80	1 496.10	1 808.60	1 689.80	2 071.67	2 100.36	2 283.51	2 438.19
航天器制造	46.00	52.14	62.86	73.40	77.00	96.30	125.80	140.30	183.51	221.10	211.46	228.93

资料来源:《中国高技术产业统计年鉴》。

中国航空航天器及设备制造业2005—2016年企业数在不断增加,由2005年的167家增长到2016年的425家,其中,飞机制造企业由143家一度增加到197家,后在2012年减少到123家,慢慢又增加至2016年的162家。航天器制造则变化不大,也出现了先增加又减少而后又增加的趋势。可以看到在2012年减少最多,飞机制造减少了59家,航天器制造减少了15家。但是,2012年航空、航天器及设备制造业的总企业数是增加的,可以看到该产业除了飞机制造企业和航天器制造企业,其他类别企业数均有所增加。2012年之前,航空、航天器及设备制造业的总企业数等于飞机制造企业与航天器制造企业数的总和,但在2012年出现了除航天器和飞机制造的其他企业(见表3.12)。

主营业务收入则基本在稳步提高,中间微微下降,但幅度不大。航空、航天器及设备制造业由2005年的781.40亿元上升至2016年的3801.67亿元,其中,飞机制造企业由2005年的735.3亿元上升至2016年的2438.19亿元,而航天器制造由2005年的46亿元上升至2016年的228.93亿元(见表3.12)。

由表3.13可以看出,2016年,中国航空航天器及设备制造业前18.35%的企业主营业务收入占全部企业主营业务收入的68.35%,其中,飞机制造企业前28.4%的企业主营业务收入占全部企业主营业务收入的74.88%,航天器制造企业前42.31%的企业主营业务收入占全部企业主营业务收入的72.47%。也可以看到,航空、航天器及设备制造业大型企业基本上从2005年开始占比就固定在17%左右,这些企业的主营业务收入占比也一直在70%以上,直到2012年下降至53%,而后又慢慢上升至2016年的68.35%。

综上,可以看到,航空航天及设备制造业是一个产业集中度非常高的产业,大型企业市场份额占比要远远高于小型企业。这也符合航空航天产业的基本特征,因为该产业高投入的特性,使得前期投入巨大的大型企业具备在位优势,能够占有大部分市场,而其他小企业投入不足,竞争优势有限,也只能获得一小部分市场。长期以来,中国航空航天器研发、设备制造集中在几个大型企业,例如,中国航空工业集团公司、航天科技集团和航天科工集团等,这些企业大多具有军工企业的背景,其他民营企业很难涉足。进行航空航天相关设备生产的民营企业,大多只是生产一些较为简单的零部件,仅起到代工厂的作用,研发意识和研发能力都不高,这种"头大、脚小、缺少中坚力量"的布局严重制约了中国航空航天制造的发展。

表 3.13 中国航空航天器及设备制造业 2005—2016 年大型企业的企业数及主营业务收入占全部企业的百分比   （单位：%）

		2005 年	2006 年	2007 年	2008 年	2009 年	2010 年	2011 年	2012 年	2013 年	2014 年	2015 年	2016 年
大型企业数占总企业数的百分比	航空、航天器及设备制造业	17.37	19.65	19.89	17.97	18.18	16.88	25.45	14.80	19.18	21.01	17.54	18.35
	飞机制造	18.88	22.22	21.94	20.22	20.43	19.29	27.47	21.95	26.19	32.35	27.52	28.40
	航天器制造	8.33	6.90	7.69	5.88	5.88	5.00	16.67	18.52	34.48	32.14	30.00	42.31
大型企业主营业务收入占总主营业务收入的百分比	航空、航天器及设备制造业	78.39	76.17	75.08	75.90	74.33	71.01	77.13	53.28	58.29	66.51	64.53	68.35
	飞机制造	81.76	79.64	78.30	79.08	77.16	73.87	79.07	58.34	63.34	78.49	75.65	74.88
	航天器制造	24.71	26.40	26.71	28.58	28.64	26.69	49.21	38.28	63.54	55.27	59.81	72.47

资料来源：《中国高技术产业统计年鉴》。

根据市场超高的集中度以及行业内的企业特征可以判断航空航天产业为寡头垄断行业。相比其他寡头垄断行业,航空航天产业企业数要远远多于几个大的寡头企业,但是根据数目并不总是能够准确判断行业特征。因为很多寡头垄断行业包含许多小的"缝隙"生产者,它们实际上并不与主要的生产者进行竞争。具体到中国的航空航天产业,这是一个非常大的行业,其中有许多细分行业,有些在中国只有一个大的生产企业,如火箭、导弹等大型武器装备,还有大飞机制造,也只有一个大的企业来负责研发生产。从全世界来说,大的生产企业只有几家,故而属于寡头垄断,而其中细分下来的零部件则可以有很多供应商,市场情况众多。有的属于垄断行业,有的也是寡头垄断,而有的竞争性行业则属于垄断竞争。

第二节 中国及世界主要国家的军民融合进程介绍

一、中国军民融合的历史及现状

中国最早提出的并非军民融合的概念,而是军民结合。军民结合是指国防工业既生产军品,又生产民品。这一定义反映了军民结合的主要特征和内容(樊恭嵩,1987)。但是,与现阶段所说的军民结合相比,军民融合的内涵更广泛,意义更深远。军民融合就是把国防和军队现代化建设深深融入经济社会发展体系之中,全面推进经济、科技、教育、人才等各个领域的军民融合,在更广范围、更高层次、更深程度上把国防和军队现代化建设与经济社会发展结合起来,为实现国防和军队现代化提供丰厚的资源和可持续发展的后劲。从20世纪国防工业发展至今,中国的军民融合经历了三个阶段。

(一)"军民分离"时期

1958年,我国军工企业在很短的时间内做出了很多民品。但是,20世纪60—70年代,中国跟苏联关系比较紧张,开始了三线建设、六大行业,建立了比较完备的军工体系,实现了指令形式下的军品与民品科研生产体系。

(二)"军民结合"时期

十一届三中全会之后,党和国家的工作重心转向经济建设,提出"国防和军队建设要服从服务于国民经济建设"。由于20世纪60—70年代的三线建设建立了庞大的军工体系,此时,随着国家战略的调整,军品任务陡降,广大主要依靠国家订单的国防工业立刻陷入了困难。在这种背景下,20世纪80年代初,军工系统开始实施"军转民"。这一时期军工系统生产能力开始过剩。最开始,抱着军工行业各方面超越民营企业的优越感,开展民品开发被当作一时之计,并未全心投入。当时的民品市场也发生了转变,开始走向竞争。因此,整个国防工业的军企滑坡很严重。

1986年8月,航空工业部召开紧急会议号召军工企业要找米下锅,保军转民。之后,航空工业开始逐步走出原有的单一军工产品市场,进入国民经济大市场,出现了军转民产品遍地开花的火热局面。

面对这种形势,军工系统由一开始生产一些大路货逐步转向由军工强势技术转出生产产品。经过20年左右的时间,军工系统中的民品生产由1978年占总产出的11%发展到1999年占总产出的77%,从单一军品的生产模式发展到能军能民。

此时,军工系统民品分为三类。第一类,也是现在依然沿用的军工主导民品(核能、民用航天、民用船舶、电子行业);第二类,军工支柱民品(汽车、摩托车等);第三类,军工优势民品(军工利用军用技术做的化工产品、航天做的烟丝机器、船舶做的港口机械、包装机械、电子的通讯设备等都是军工优势技术转过来的)。到1999年,军工民品的发展壮大已经初步具备了军民融合产业发展的基础。

20世纪改革开放以后,随着人民生活水平的提高,对消费品的要求也日益增高。日用品方面的许多新产品都有军工企业的影子。自行车、手表、缝纫机、电视机、洗衣机、电冰箱、微型车、专用车等军工企业都有涉足。在那段军品任务下降、军工企业转向民品市场渡过难关的时期,这些陪伴了中国人民转型时期的产品也伴随着军工企业的改革。这些产品都曾广受欢迎,在军转民的最初时期获得了成功。但是,随着市场的不断发展、新产品的不断涌现,这些产品大多都消失了。其留给我们的教训是深刻的,不能适应市场竞争是军工企业失败的重要原因。

(三)"军民融合"时期

1. 军民融合产业的初步形成和发展

2000年,国防科技工业发布"十五"规划纲要,提出发展军工产业的概念,提出军民品分线管理,实行联合兼并重组,促进优势互补和投资主体多元化。同时,大力发展军民两用技术,通过发挥军工技术优势,开始发展核能、航空、航天、船舶等军工主导民品,壮大军工产业。在规划中提出,这里的军工主导民品如船舶工业主要发展大型船舶和高技术、高附加值的产品。航空工业则是扩大国外民机的零部件生产品种和规模,波音开始转向生产,我们有些航空企业抓住了机会,从这里开始学习,给我们航空的发展带来很多经验。航天工业则要加速发展国民经济急需的实用高效的地面卫星系统。核工业要大力推进核技术的应用,包括推进核电设备的国产化。在这同时,也提出了发挥军工高技术优势,发展高新技术产业。纲要中所指的军工产业已经基本提出军民融合产业底层和概念的雏形。这一时期,军民品结构也发生了变化,第一是体现军工特色的四类产品销售占到20%以上,第二是产品走向高技术化、品牌化、规模化,形成了一些知名品牌。军工的民品向突出军工特色转变,一定要以依赖军工优势技术为基础。

2006年,国务院转发的《国防科技工业"十一五"发展和改革意见》(以下简称《意见》)中,针对出现的规模小、技术含量低、竞争力弱的问题,第一次在政府文件中提出了军民结合产业的概念。当时还是军民结合、寓军于民的阶段,第一次提出装备寓于能力、能力寓于产业。《意见》提出军民结合产业取得长足进步,已经成为先进制造业的组成部分的判断。所以,国防产业要发挥军工技术能力和人才优势,大力发展核电、航空、航天、船舶等四大类核心产业。

2. 大力发展军民融合产业

2010年,工信部出台的国发〔2010〕37号文将军民融合产业详细分解。该文件将其分成三个层次,第一个层次是与军品技术相近工艺、设备设施相通的产业,除了民用航天、民用核能、民用航空、民用船舶等传统"四民"之外,加入了电子信息和民爆器材。第二个层次是利用军工技术优势发展的节能环保、新能源、新材料、高端装备制造、安防产品等战略性新兴产业。第三个层次是大安全大防护产业。

2017年9月通过的《"十三五"国防科技工业发展规划》提出大力发展军工高技术产业,这里也是分成了三大类,第一类还是军工高技术产业,以"四民"为主的军工主导产业,包括电子信息;第二类是军转民的高技术产业,包括电子信息、新能源、节能环保等战略性新兴产业领域的技术和产品;第三类是从国防科技工业的角度提出了大安全大防护,因为军工技术在这些方面做得是非常先进的,例如安防、应急抢险等,这些对军工技术来说并不难。

中国政府鼓励民用企业进入军工产业参与武器装备的科研、生产、经营,部分省、市、自治区还出台了一系列的优惠政策促进军民产业的融合式发展,节约资源、提高经济效益,政策性进入壁垒逐渐降低(参见表3.14)。

第三章
...航空航天产业发展和军民融合进程的背景分析

表 3.14　军民融合政策进程大事

年份	发布机构	文件名称	主要内容
2005 年	国务院	《国务院关于鼓励支持和引导个体私营等非公有制经济发展的若干意见》	允许非公有资本进入国防科技工业建设领域
2007 年	国防科工委	《关于大力发展国防科技工业民用产业的指导意见》	鼓励各类社会资本通过收购、资产置换、合资等方式，进入军工民品企业
2007 年	国防科工委	《关于非公有制经济参与国防科技工业建设的指导意见》	进一步明确民企进入军工行业的方向
2007 年	国防科工委	《关于进一步推进军用技术向民用转移的指导意见》	推进民用技术向军用转移，扩大武器装备科研许可证发放范围，加强民技军用的知识产权保护等
2007 年	中央军委	《"十一五"期间推进军队后勤保障和其他保障社会化的意见》	从制度上对民参军的途径和方式给予了说明和支持
2009 年	工信部、总装备部	《武器装备科研生产许可实施办法》	对许可管理的全过程进行了规范
2010 年	国务院	《国务院中央军委关于建立和完善军民结合寓军于民武器装备科研生产体系的若干意见》	推动军工开放，引导社会资源进入武器装备科研生产领域；加快军转民步伐等
2010 年	国务院	《关于鼓励和引导民间资本投资健康发展的若干意见》	民间资本投资国防科技工业领域、参与军工企业改组改制，民企可参与军民两用高技术开发和产业化，承担军工科研任务
2012 年	国防科工局、总装备部	《鼓励和引导民间资本进入国防科技工业领域的实施意见》	明确民间资本进入国防科技工业的领域包括武器装备科研生产、国防科技工业投资建设、军工企业改组改制、军民两用
2014 年	习近平总书记	中央政治局第十七次集体学习	要坚定不移地走军民融合式创新之路
2017 年		成立中央军民融合发展委员会	
2017 年	国防科工局	《2017年国防科工局军民融合专项行动计划》	明确了6个方面30项年度工作任务，军民融合战略进入细化落实阶段

2017年军工集团的产业构成中,军品、军工高技术产业(包含"四民")、其他民品各占1/3,原有的军工国企在军民融合的过程中发展非常迅速。中国航天科工集团2016年军民融合产业已经实现产值1332亿元,占总产值的65%,军民融合整个产业规模已经超过2012年航天科技工业的全部产值。民参军也越来越深入和广泛,到2017年我国取得武器装备科研生产许可证的单位中有超过1/3都是非公有制企业。不过,与此同时,我国的军民融合还存在融合领域比较窄,融合层次比较低,国防工业和民用产业中融合的比例还比较小等问题,这些问题都是在军民融合发展过程中出现并且必须要解决的。目前,军民融合过程中成果初现,但从体制上说还存在着从计划到市场各自为政的情况。国防工业的武器装备科研生产采购等都是按国家指令行事,民营企业进入虽然增速明显,但是还比较少,市场发挥的作用有限。目前,国防工业几个大的部分如基础设施建设、科研、人才培养、装备制造、国防动员、后勤保障等还都是军民分立的,从体制上还没有建立起有效连接,军费还没有实现统筹规划使用,各种科研和基础建设管理不够统一,出现很多的重复建设投资。从体制上说,十二大军工集团均为国企,民营企业进入壁垒较高,所有制改革也势在必行。

20世纪以来,我国的军民融合政策经历了"军民分离"(1949—1977年)、"军民结合"(1978—2006年)、"军民融合"(2007年至今)三个演变过程。现在是军民融合的战略机遇期,也是军民融合由初步融合向深度融合过渡、进而实现跨越发展的关键期。这是一个渐进的过程,也是一步步细化落实的过程。

二、世界主要国家的军民融合进程

(一) 美国

美国在冷战结束后才开始实施军民一体化政策,在此之前一直是"先军后民,以军带民"。美国的军民融合发展历程是从经济发展优先向军事技术优势倾斜的一个过程。为了推进军民融合发展战略,美国设置专门机构,并颁布系列制度政策,共同促进军民一体化;实施一揽子政策来促进军民融合,尤其是把促进军民两用技术作为重点;在开放型产业链中建立军民融合创新主体(杜兰英、陈鑫,2011)。美、英等国家为了发展国防工业,不断深化国防采办制度改革,构建各种公私伙伴关系(private-public partnership,简称PPP),取得了良好的经济效益与安全效益(王宏伟,2007)。

美国目前的国防科技工业体系是长期实施军民融合政策的成果。美国国会的一份研究报告显示,军民融合政策给美国国防部每年节约了300亿美元,超过了它采办费总额的20%。美国没有庞大和独立的军工部门,除了二十几个弹药厂和几个机械厂是国家所有的,其余武器装备包括飞机、火炮、坦克、导弹、火箭、舰艇等大型武器都是由私营企业生产的,而且这些企业都是生产民品的私营企业。美国90%以上的军火是在私营企业中生产的。美国这些大的军火商并非专门生产军品或是生产民品,大都是两者兼而有之。根据数据显示,美国有1/3的工业企业承担着生产军品的任务,在航空工业、造船工业、电子工业、机电工业、通用机械业中分别有80%、60%、40%、34%和28%生产军用产品。管理方面,美国国防部统一进行管理,规划、购买、验收、分配军品生产等都是如此。除了国防部专门设立的武器装备研究机构,还有大量的研制任务是私营企业的相关部门完成的。政府需要扩充军备,则是通过向企业下政府订单的形式来实现。

美国的大型航空航天企业,如波音和道格拉斯公司,既生产科技和民用运输机,又生产各种军用飞机,在总公司下面设有军用飞机分公司。还有些企业军品民品生产制造是一起的,但是设计是分开的;零配件加工是一起的,但加工好后的装配是分开的。例如,通用电气公司军用飞机和民用飞机发动机的设计是完全分开的,但制造部门是公用的。又如,在道格拉斯公司,由于F15型战斗机的零部件跟民用飞机的很多零部件是相似的,为了节省成本就可以在一起加工生产。只不过由于最终型号不同,是分开装配的,这样既满足了军品的特殊性需要,又降低了生产成本。除此以外,还有些军品是军民两用的,例如一些仪器仪表之类的,在生产和管理上,一般是不分开的。这一类军品,其结构特性与民品并无不同,只是军用的要求和标准较高或是有特殊功用。这样,无论是生产还是管理,都可以在一起,没有必要分开,而对于企业来说,这样的管理方式毫无疑问是更有效率的。综上,美国的军品或民品生产符合一个大原则,就是在同时满足军品和民品的要求的条件下能够采取最有效率的方式。

(二)日本

日本在二战后由于政治上的限制,在发展军民融合方面采取了多种政策,主要是"先军后民、以军掩民、寓军于民"的模式,利用民间企业来掩护发展国防科技。对于军工企业和民间企业,政府都不断增加对民用或军民两用技术的科研和采购,从政策资金上给予支持。政府会通过实践过程的反馈来不断完善促进军民融合发展的政策和体制,在采用高度集中的政府管理机制的同时,也会通过各种方式采纳民间方为企业界的组织团体提出的决策咨询建议。

积极推行各种优惠政策,在保持各自优势的同时也能够促进军民技术的互相转移,这种方式有效促进了日本军民融合的发展。

日本在第二次世界大战时航空领域方面的发展很先进,生产出的战斗机在世界都居于领先地位,航空产业从业人数最多有100多万人,一年能够产出2.8万架飞机。第二次世界大战后,德国与日本作为战败国受条约限制,被禁止从事航空产品的研究和制造,发达的航空工业随之完全解体,人员流散,企业转产。政府没有专门的军事部门和工业企业,军品的研制和生产都要依靠民用部门也就是民营企业来完成。1952年,禁令解除之后,日本就恢复了航空工业的发展,从修理飞机开始引进了航空技术,从模仿到自己设计制造。日本的航空工业实力在国际上来说比较强,他们能仿制美国20世纪80年代初期的先进战斗机F-15及发动机F-100,具有自行研制战斗机和支线客机的能力,能够参与国际合作研制干线科技及其发动机。日本也是从20世纪50年代中期开始航天工业的发展,研制出"铅笔""卡帕""拉姆达"三个系列的火箭,还进行了多次发射,进而开始研制大型运载火箭和人造地球卫星。

日本航空航天产业中的企业并不像欧美的航空航天企业一样,几乎都是只负责制造航空航天产品,而是与汽车、船舶、机械、动力设备或电器、电子等产业混在一起,是综合性的大企业,航空航天器的制造只是其中一个部分,无论员工人数、年产值或是年销售额等方面都只占公司的小部分。而且,日本的航空工业与航天工业是融为一体的,这些大企业下属的航空航天部门既生产航空产品,又生产航天产品。不过,航空工业在整个日本工业中,在从业人数、年产值占国民总产值的比例等方面都不占优势,只是一个小规模产业。

日本政府对航空航天产业一直采取支持和保护政策。日航创建于1951年,作为一个世界级的航空公司,日航最初只有几架租赁来的飞机,然而如今却发展成了拥有300多架飞机及近5万名企业员工的大型集团。日航的发展被视为日本战后开始繁荣的一个象征。日航属于半官半民的性质,政府在其成立时出资42亿日元,并且政府还制定和颁布了《航空工业振兴法》用以扶持日航。可以说,日航与日本政府间有着数不清的联系,从根本上来说,日本航空一直是所谓的"支撑国民荣誉感"企业,其实质仍是政府的裙带企业。此外,日航还不断从政府获得各种名目的款项援助和资金支持。多年来,日本防卫厅是日航产品的最大买主。

(三)俄罗斯

苏联解体以后,俄罗斯与中国一样选择了先军后民。因为当时世界格局比较紧张，俄罗斯需要树立大国优势地位，也需要以国防技术来带动经济发展。俄罗斯出台了政策和战略发展规划，致力于建立既能够满足军事需求，也能够在国际市场上进行民品市场竞争的两用产业，并且利用优势军工技术生产具有竞争力的民品。俄罗斯一方面加强与其他国家的民品交流，另一方面又严格控制出口。俄罗斯政府管制严格程度更超过我国，军工企业生产完全由国企掌控。因此，1990年，开始实施军民融合也是以国有企业为主体的军转民为主。国家专门调配专有银行和军工企业，建立了金融—工业集团。虽然自筹资金、自负盈亏、自主经营、独立核算，实行专业化生产，但是作为国企，还是有政府作为保障的。国家甚至专门出台了法律，避免军工国企在军转民的过程中破产，以保留军工生产能力和生产线。因此，俄罗斯的军民融合进程是完全由国家主导的。

这些国家都在一定时期认识到了军民融合发展的重要性，根据本国政治环境、经济环境和具体国情采取了多种措施来促进国防工业和经济建设的军民融合发展。

第四章　中国航空航天产业军民融合发展进入壁垒的理论分析

中国航空航天产业在军民融合的过程中不断有民营企业参与进来,也不断尝试进入新的行业。在这个过程中,显示出不同的进入壁垒。本章将经济学机理和军民融合的实践相结合,分析这些进入壁垒的类别、表现和成因。这对于进一步推进军民融合深度发展及促进航空航天产业的发展,进而推动整个国民经济的发展有着重要的意义。

第一节　中国航空航天产业军民融合发展进入壁垒的分类及衡量

一、中国航空航天产业军民融合发展进入壁垒的分类

国防工业属于传统的国有垄断行业,同时也是一个进入壁垒非常高的产业。国防工业中的厂商不可以自由进入或退出市场,这一产业存在多种进入和退出壁垒,这是由于政府限制进入——例如,行业准入执照、许可证、专利和出租汽车经营牌照等,这些被称为政策性壁垒。贝恩(Bain)鉴别了市场结构的四种要素,它们影响着在位企业获取超正常利润(租金)的能力,这四种要素分别为规模经济(例如固定成本)、绝对成本优势、产品差别优势、资本要求。总体来看,构成进入壁垒的结构性因素主要有规模经济、绝对成本优势、必要资本量、网络效应、产品差别化和政策与制度等。

具体到国防工业,由于它所提供的国防安全的公共性,国家一直以来对国防工业有着高额的预算支出以及严格的政策管制,故而,国防工业的进入壁垒主要是指政策壁垒。其次,由于国防工业高资本、高技术的特性,它需要具备高额的前期投入和持续支出才能进行研发和生产,因而也存在必要资本存量的进入壁垒。

第四章

中国航空航天产业军民融合发展进入壁垒的理论分析

一个只存在几个卖家的行业被称为寡头垄断（oligopoly）行业，在这种行业中的企业被称作寡头。这种市场是不完全竞争市场，经济学家将企业进行竞争但又拥有市场势力——这使它们能够影响市场价格——的情形称为不完全竞争（imperfect competition）。寡头垄断者的存在及其能够确保自己拥有市场优势、阻止其他企业无法进入就是"进入壁垒"。航空航天产业属于寡头垄断市场。

航空航天产业具有高技术、高资本、高风险、高人才、高附加值、高关联度等特征。中国航空航天产业代表了整个国家的高精尖技术发展状况，离不开长期的制造技术积累，具有各种严格的专利保护，它属于国内所有重化工业中技术壁垒最强的一类。航空航天制造业长期以来一直受到国家政策的严格管制，同时，也因为中国航空航天产业是典型的自然垄断产业，其成本函数具有明显的自然垄断特征，即两家企业的成本要高于一家企业的成本，也就是规模经济，而绝对垄断的市场结构最能节省生产成本。从这一方面来说，政府的限制准入则有效避免了重复投资带来的资源浪费。由于航空航天产业的产品无论是研发还是制造，或是市场原材料，都需要高昂的成本支出，而现在随着世界武器装备的不断精细化、高端化、复杂化，武器装备的投入更是水涨船高，这使得军工产品投入和经营的投入和风险都越来越大。因此，必要的资本存量也构成了航空航天产业的另一个进入壁垒。就中国航空航天产业来说，规模经济、绝对成本优势、必要资本量和政策管制等几个进入壁垒都有涉及。

而对于军转民过程中航空航天产业的国防军工企业所要进入的民用产业来说，进入壁垒则有所不同。从类别上来说，军转民中的民用领域不像航空航天产业一样有着非常高的管制壁垒，也就是政策壁垒。即使是进入汽车、新能源、新材料等行业，所面临的政策壁垒例如汽车生产牌照，也是相对容易突破的。军工企业所拥有的政府关系，使得政策壁垒较容易克服。其他的市场性壁垒，如产品差异化壁垒、必要资本量壁垒、规模经济壁垒、技术壁垒等随着所进入行业的不同而有所区别，但是基本都有涉及，只是程度不同。另外，在实践研究中还发现，信息不对称也成为阻碍军转民的进入壁垒。

二、中国航空航天产业军民融合发展进入壁垒的衡量

贝恩（Bain）把进入壁垒定义为使进入者难以成功地进入一个产业，而使

在位者能够持续地获得超额利润,并使整个产业保持高集中度的因素。根据这个定义,高集中度成为衡量产业进入壁垒的一个标准。进入壁垒是相对于垄断市场而言的,即面对垄断状态,存在某种东西来阻止其他企业进入这一行业,这种"东西"被称为进入壁垒。航空航天产业属于典型的寡头垄断市场,具备高集中度的产业结构特征。

产业集中度或市场集中度是衡量产业竞争性和垄断性的最常用指标。产业集中度一般以产业内最大的若干家厂商的市场占全产业市场份额的比重来衡量。一般情况下,市场产业集中度越高,少数企业的市场势力就越大,市场竞争的程度也就越低(苏东水,2005)。

对于中国航空航天器制造业来说,根据表3.13的数据显示,2015年,航空、航天及设备制造业前17.54%的企业主营业务收入占全部企业主营业务收入的64.53%。其中,飞机制造企业前27.52%的企业主营业务收入占全部企业主营业务收入的75.65%,航天器制造企业前30%的企业主营业务收入占全部企业主营业务收入的59.81%。可以看到,航空、航天器及设备制造业大型企业基本上从2005年开始,占比就固定在17%左右,这些企业的主营业务收入占比也一直在70%以上,直到2012年下降至53%,而后又慢慢上升至2015年的64.53%。综上,可以看到,航空、航天及设备制造业是一个产业集中度非常高的产业,大部分市场份额被掌握在少数大企业手中。

第二节　中国航空航天产业军民融合发展进入壁垒的表现

从世界范围来说,航空航天工业因为本身的高技术含量,基本上代表了一个国家的最高技术水平,所以从航空航天产业向其他产业的技术转移中有非常多的成功例子。例如,涡轮增压原本是用在飞机制造上的,涡轮增压技术可以大大增加发动机效率,在1906年便用在了雷诺发动机,装在TP-1飞机上,而后GE公司受美国国家航空航天局(NASA)委托,由著名工程师莫斯研制出了冷却涡轮机匣技术。这本来都是为了飞机研制的,却在汽车市场上受到了更为广泛的欢迎。后来,该技术被应用在了一系列汽车发动机生产中。美国国家航空航天局(NASA)定期会在其官网上开放先进的航空航天技术,让相关的民用领域可以节约大量时间和资金,获得需要的技术。这些技术专利的

第四章

中国航空航天产业军民融合发展进入壁垒的理论分析

开放对于民用经济的发展非常重要。实际上,我们生活中方方面面的技术和产品,很多都是与航空航天产业相关的,尿不湿、核磁共振、净化水技术等都是从航空航天产业转移而来的。这些技术大大方便了我们的生活,提高了普通人的生活水平。

中国的航空航天产业大部分企业均为国有企业,2015年,航空航天器制造业中86.28%的资产均为国有。在军民融合不断深入发展的情况下,航空航天产业的国有资本和企业会越来越多地参与到其他行业中去,航天机电就是航空航天产业军工企业涉及民用的一个很好的例子。航天机电的控股方为上海航天工业集团,归属航天八院。航天机电主业包括新能源光伏、高端汽配和新材料应用,这是航天军工企业参与民用领域的一个代表。近年来,由于军民融合政策不断推进,军工科研院所改制也在加快,航天科技集团也正在按中央要求深化国有企业改革,军工国企通过改制、资本运作等多种方式在不断进入民品市场。

民参军方面,我国航空航天领域发展得比较缓慢。以航天为例,几乎所有的技术、人才和政府投资都在两大航天科技集团,民营航天要发展一无技术、二无人才、三无资金,也没有相关的扶持政策,少数几家试水者面对重重壁垒找不到入门之道。民间投资虽然看到了这片有很大发展潜力的领域,但面对现状也不敢贸然进入。因此,民参军的过程是随着国家对于军民融合政策的一步步放宽和深化而展开的。从开始的国家严格管控、民营企业根本无法进入,到后期慢慢地放松规制,吸引民营资本和企业。现在,民营企业和资本进入航空航天产业已经有了非常多的典型案例。例如,西安天和防务公司通过连续波雷达进入军工生产领域;西安三角防务股份公司则抓住了军民融合式发展的机遇,通过自主创新,生产出了具有国际领先水平的民用和军用航空器配件。这些企业在民参军的过程中遇到的最大壁垒就是政策壁垒,而规模经济、必要资本量、技术等壁垒也有所体现,产品差异化壁垒、信息不对称壁垒等较为次要,但也有所体现。目前,民营企业参与军工生产制造主要是三种模式。第一是成本模式,这种模式主要依靠大型军工企业的下游配套业务,很难提升上去,并且业务量也不是长期稳定的;第二是投资优势模式,指已经取得武器装备生产资格的企业利用民营企业在资本方面的优势——效率高、机制灵活等,实现超越国有企业的提升;第三是技术优势模式,指部分民营企业可以利用各种资源,在技术上超越国有企业,获得领先技术优势,进而能够参与军工国防项目的研发制造。

军转民的过程与航空航天产业一样,在进入其他行业时也会面临所进入产业的进入壁垒。而航空航天产业的大部分国有企业则具备独特的优势。前文所总结的几个进入壁垒——政策壁垒和结构性壁垒,结构性壁垒包括必要资本量、规模经济、技术要求、产品差异化、网络壁垒等,在航空航天产业的军工企业"军转民"的过程中也都有遇到。

一、政策壁垒

航空航天产业作为几乎是政府管制最严格的产业之一,民营企业想要参与进来,所遇到的政策壁垒是非常高的。随着军民融合政策的不断推进,从最开始完全不可能进入,到2005年国家开始允许非公有资本进入国防科技工业建设领域,再到2007年鼓励各类社会资本通过收购、资产置换、合资等方式进入军工民品企业,2010年推动军工开放、引导社会资源进入武器装备科研生产领域,2012年明确民间资本进入国防科技工业的领域包括武器装备科研生产、国防科技工业投资建设、军工企业改组改制、军民两用。这一系列政策对于民营企业和资本参与国防工业生产科研有着重要的推动作用。

由于军工企业对军品供应商的要求非常严格,必须达到稳定性、安全性、高效性等标准,因此,即使是现在承担武器装备科研生产任务的单位,一般也应取得武器装备质量管理体系证、武器装备科研生产保密资格证、武器装备科研生产许可证和装备承制单位资格证,合称"四证"。随着军民融合战略深入推进,政策正在逐渐简化,武器装备质量管理体系证和装备承制单位资格证实施两证合一,武器装备科研生产保密资格证和武器装备科研生产许可证实施两证会审,装备采购中公开招标越来越多。虽然对企业来说,两证依旧是非常高的一个要求,但在一定程度上消解了政策壁垒。到2017年,我国有2054家单位取得武器装备科研生产许可证,其中非公有制企业717家(一类许可50家)。而从中国航空航天器及设备制造业的国有企业数量和主营业务产出占全部企业的比例来看(见表4.1和表4.2),其比例在不断下降。这是军民融合政策不断实施的结果。

相较于民参军,在军转民中航空航天国有军工企业在进入其他行业时的政策约束是比较小的,主要可分为四个阶段。第一阶段的军转民是在当时军品任务陡降的国家政策下,国防工业企业不得已为了生存而开始的军转民,是权宜之计,所以产品相对来说技术含量不高,属于小打小闹,例如,不锈钢菜

第四章
中国航空航天产业军民融合发展进入壁垒的理论分析

表 4.1 中国航空航天器及设备制造业国有企业主营业务产出占全部企业比例

	1995 年	1996 年	1997 年	1998 年	1999 年	2000 年	2001 年	2002 年	2003 年	2004 年	2005 年
全部主营业务收入(亿元)	262.49	293.6	300.16	323.01	323.67	377.8	443.6	499.9	547.2	498.4	781.4
国有企业主营业务收入(亿元)	250.74	277.93	289.87	203	316.86	369.1	416.11	489.98	535.25	467.6	727.7
国有企业主营业务收入占比(%)	95.52	94.66	96.57	62.85	97.90	97.70	93.80	98.02	97.82	93.82	93.13
	2006 年	2007 年	2008 年	2009 年	2010 年	2011 年	2012 年	2013 年	2014 年	2015 年	2016 年
全部主营业务收入(亿元)	798.88	1 006.36	1 162	1 322.8	1 592.4	1 934.3	2 329.9	2 853.15	3 027.56	3 412.57	3 801.67
国有企业主营业务收入(亿元)	704.56	876.93	976.9	1 108	1 337	1 519.5	1 787.6	2 131.44	2 155.87	2 400.52	2 569.89
国有企业主营业务收入占比(%)	88.19	87.14	84.07	83.76	83.96	78.56	76.72	74.70	71.21	70.34	67.60

资料来源:《中国高技术产业统计年鉴》。

表 4.2 中国航空航天器及设备制造业国有企业数量占全部企业数量比例

	1995 年	1996 年	1997 年	1998 年	1999 年	2000 年	2001 年	2002 年	2003 年	2004 年	2005 年
全部的企业数(个)	219	192	185	177	183	176	169	173	148	177	167
国有的企业数(个)	193	169	163	157	176	167	156	162	136	142	125
国有企业数占比(%)	88.13	88.02	88.11	88.70	96.17	94.89	92.31	93.64	91.89	80.23	74.85
	2006 年	2007 年	2008 年	2009 年	2010 年	2011 年	2012 年	2013 年	2014 年	2015 年	2016 年
全部的企业数(个)	173	181	217	220	237	224	304	318	338	382	425
国有的企业数(个)	119	124	130	127	135	130	161	161	161	179	176
国有企业数占比(%)	68.79	68.51	59.91	57.73	56.96	58.04	52.96	50.63	47.63	46.86	41.41

资料来源:《中国高技术产业统计年鉴》。

第四章
中国航空航天产业军民融合发展进入壁垒的理论分析

刀、衣架、水壶等,这些日用品几乎是没有任何政策壁垒的。第二阶段的军转民是在第一阶段的产品基本都销声匿迹之后,企业认为只有依托军工行业的优势技术来研发民品,进行有目的的军转民才能够在市场中取得竞争优势,这一阶段的产品有摩托车、洗衣机、冰箱等。当时由于军转民是国家政策导向,所以这些也不具有政策壁垒。第三阶段开始的昌河汽车、松花江汽车等技术含量很高且规模要求很大的民品则需要一定的政策要求,当时的汽车行业是需要行政许可才能进行生产的,不过对于军工行业来说,本身大部分企业都是国企,天然与政府关系较好,所以政策壁垒比较容易突破。而现在则进入了第四阶段,以特种汽车、液晶显示器、锂电池、太阳能、风能等新能源为代表,具有技术含量高、产业规模大、国际市场竞争激烈、投资风险不可预测等诸多复杂特征。因而,随着军转民进入民品的升级,这些渐渐也会遇到政策壁垒,需要政府许可。不过,总体来说,由于军民融合政策的支持,再加上军工行业的政府背景和关系,会具备政策优势。所以,航空航天产业的军转民面临的政策壁垒是一个比较容易突破的壁垒。

但是,在国际市场上,政策壁垒则表现为进入国外市场时的政策上的限制。以 C919 为例,它面临着取得欧美国家适航证的问题。适航证是美国适用的航空飞行准入证明,也就是美国联邦局 FAA 认证。这是其他国家飞机得到美国政府认可的一个证明,也是进军国际市场的一个门票。然而,由于美国、欧洲在客机市场发展已久,在全球航空市场影响很大,其市场占有率非常高。适航证一方面确实是从质量安全角度对民用航空机型的把控,但更重要的是,这已经成为他们对潜在竞争者设置的进入壁垒。现在,中国坚持让美国同意中方的适航条例 25 部,这意味着相互之间的标准被认可,那么 C919 就可以在国内审定取证。但是,美国绝不会同意中方的适航条例 25 部,适航证就成为我国民用大飞机进军国际市场的一个政策壁垒。

二、规模经济壁垒

航空航天产业规模经济特征非常明显。由于本身固定投资特别大,成本函数具有规模经济特征,故而对于一定产量的产品来说,随着规模的扩大,其平均成本不断降低。因此,航空航天产业中的制造业属于规模越大,平均成本越低。例如,对于一个已经存在的大的军工企业来说,制造一架飞机的成本要比一个新企业进入后一步步研发、购买生产设备、制造出来的成本低得多。所以，在民参军过程中，对于新企业来说，这种壁垒就成为了规模经济壁垒。在规模经济壁垒方面，前期进入者占有先发优势，而后期的潜在竞争者则会被规模经济壁垒挡在门外。以商业航天为例，商业航天中的"国家队"在这方面则具有优势，航空制造业务一直是国企负责，现在发展的商业航天是在原有基础上发展商业领域的新业务，几乎不存在规模经济壁垒。商业航天业务众多，随着市场需求的不断涌现，市场愈加广阔。民营企业只有想办法开拓新市场，占据新市场的先发优势，避开与现有大的军工国企的直接竞争，而这也是克服规模经济壁垒的一种方法。或是随着市场的不断涌现，寻找规模经济壁垒较低的业务进入。从另一方面来说，航天产业的规模经济壁垒也限制了潜在竞争者的大量进入，产生无效率行为。这是规模经济壁垒自主发挥市场自配置作用的一种表现。

在众多军转民的行业中，是否具有规模经济壁垒要因行业不同而具体分析。例如，一些家电、日用品等因为技术含量较低、投资成本小、固定成本相对较小，平均成本并不会因规模的扩大而变动太多，因此不存在规模经济壁垒。而汽车行业具有大批量生产、产品综合性、技术密集度高、资本密集度高、附加值高的特点，随着产出的增大，成本就越小。所以，汽车行业是规模经济行业，存在较高的规模经济壁垒。汽车行业企业也正如航空航天产业的潜在进入企业一样，想要突破规模经济壁垒，必须要投入够高，资本实力够强，能够经得起长周期、高固定成本的支出压力。正因为如此，能够进入汽车行业的军工企业寥寥无几。不过，如前文所分析，军工行业具有技术优势和较强的资本实力，因此进入具有规模经济壁垒的行业可以省去很多研发成本，资本成本相对较低。

三、必要资本量壁垒

中国航空航天产业是一个高资本需求的行业。无论是一架大飞机的研发制造，还是一颗卫星的设计、发射，都需要长时间、持续的投入巨额资金，并且在数十年都没有收益。对于一般企业来说，理性人的最大化收益选择决定了大多数企业不会选择进入这个行业。也正因为如此，大部分国家的航空航天产业都是由政府扶持，或者由政府出资。但是，市场经济发展几十年来，中国的民营资本发展越来越成熟，也有许多大的民营企业具备了能够进入航空航天领域的资本实力，在这种情况下，以往可能只有政府具备的投资能力现在一

第四章
中国航空航天产业军民融合发展进入壁垒的理论分析

些大的投资主体也能实现。还有,从融资方式和资本进入方式来看,现在民营资本非常灵活,民营企业参与国防工业的方式也多种多样。于是有越来越多的民营资本进入国防军工行业。例如,三角防务注册资本达到44 595万元,股东里有自然人股东,也有国企和政府部门,还包括民营投资公司,数十个股东共同出资才完成了如此大的资本累积。九天微星从2015年开始,历经几轮融资,从百万级到千万级,积累了资本后开始进入微小卫星组网服务,到2017年已经出现了几千万元的盈利,组建了将近百人的开发团队。国外的SpaceX最开始也是由于PayPal业务所积累的2亿美元才得以进入火箭制造和发射行业。火箭的研制、发射需要耗费大量资金,即使拥有2亿美元的初试资金,SpaceX也很难承受这种消耗。而且,在实际发展过程中,SpaceX也多次经历了爆炸、发射失败,险些因为失败导致资金紧张。好在NASA及时伸出援手,在火箭研制还没有成熟时,就和马斯克签订了发射合同,预先交了一部分费用。在民参军的过程中,必要资本量壁垒是一个非常重要的进入壁垒。

可以看到,随着航空航天产业的不断发展,越来越多的业务并不需要那么大的资本量要求。以商业航天为例,商业航天发展中出现越来越多小卫星组网的模式。小卫星具有造价低、研制周期短的特点,能够避免像北斗、东方红等大卫星如此高的资本要求。低成本的私人卫星使得现在的商业航天吸引了部分民营企业和资本的进入。

我国航空航天产业的国企主要有四个大的军工集团,包括中国航天科技集团公司(航天科技)、中国航天科工集团公司(航天科工)、中国航空工业集团公司(中航工业)、中国航空发动机集团公司(中国航发)。这四大军工集团下属又有很多制造企业、研究院、上市公司等,本身资本力量就非常雄厚,在军转民方面也具有相当的优势。例如,上文所提到的航天机电,前四位股东分别为上海航天工业(集团)有限公司(中国航天科技集团公司的全资企业)、上海航天有线电厂有限公司和上海新上广经济发展有限公司[上海航天工业(集团)有限公司的全资企业]、航天投资控股有限公司(实际控制人为中国航天科技集团公司)。上海航天工业(集团)有限公司、上海航天有线电厂有限公司、上海新上广经济发展有限公司的行政关系隶属于中国航天科技集团公司第八研究院。不过,因为有些军用技术成果和前期投资无法评估,投资风险大、前景不明确,国企在投资决策方面并不如民营企业那样灵活迅速,也会因为资金的原因而导致好的项目无法变成现实。例如,618所的民用无人机项目,他们在很早就研发出了针对专业市场的农业飞喷无人机和电力巡线无人机,也形成了产品,这个时间要早于竞争对手深圳大疆 2—3 年。但是,由于成果没有得到认可,投资前景也不明确,没有找到合适的投资人,没能量产实现无人机市场的产业化,非常可惜。因此,在必要资本量的壁垒要求中,对于资本要求高的行业一定具有这个壁垒,无论是国防工业企业还是普通的竞争者,在进入一个新行业时都会面临这个问题。克服困难还需要采取多种渠道筹集资金,无论是本身国企出资,还是加入民营企业合作伙伴,或者银行贷款,利用政策资金都是一个很好的克服必要资本壁垒的方法。

四、技术壁垒

航空航天产业一直是中国高端装备制造业的代表,其技术水平几乎可以说是整个国家技术水平的一个综合体现。由于我国的航空航天产业还承担了军事领域的武器装备生产和研发任务,所以其技术水平一直都是远超民品市场的。因此,在民参军的过程中,这些民营企业很难在技术和实力上达到和军工企业竞争的程度,民营企业大多还是在与现有的军工企业进行合作,或是作为下游企业来制造配件。而且,即使如此,能够进入军工行业的依然是少之又少,整个过程都会有军队需求方全程监督,并且产品要经历论证、研制、试验多个阶段,验证时间长、投入大,对于企业来说前期投入成本增高,经营风险也因此加大。与军工企业相比,参与军品科研生产的非公有制企业普遍存在企业规模偏小、科研生产开发能力弱等问题。他们多是在某一方面拥有特色产品,或者在一两项技术上具有竞争优势,随着军品研制需求的变化,其在预研能力、后续产品研发能力和系统集成方面就显得比较弱。再加上我国国防科工体制的封闭性和保密性,现有的国防军工体系的科技创新体制如图 4.1 所示。军方的武器装备主要还是由军工主管部门负责研制,只有非常少量的会与民用部门进行合作。同时,技术也只在体制内流动,向外转移非常少,且规制非常严格。总体来看,我国国防军工体制的科技创新体制具有几个明显的弊端:体内循环、近亲繁殖、部门分割、条块分割、技术与科研设备封锁垄断(技术保密)、创新资源流动不畅、技术转移转化难且动力不足等。技术向外转移非常困难,民营企业在毫无基础的情况下要进行技术研发的创新更是难上加难。

民营企业想要进入,需要整合各方面资源。SpaceX 作为一个私人公司,聘请了许多原本服务于 NASA 的航天研发人员,其最核心的研发灵魂穆勒就是原本为 NASA 一个供应商研制火箭引擎的工程师。九天微星的技术人

第四章

中国航空航天产业军民融合发展进入壁垒的理论分析

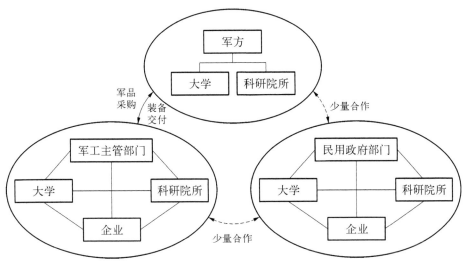

图 4.1　国防军工体系的科技创新体制

员是在其 2015 年成立之初从航天国企离开加入进来的。同时,它采用了总设计＋采购成熟产品的方式来突破技术壁垒。发射卫星则是与中国长城工业集团签署搭载发射协议,已经发射了一箭七星(7 颗卫星),进行物联网系统级试商用运营;2018 年两次发射 8 颗卫星并 100％在轨成功,现有多颗百公斤级卫星在研;2020 年前发射 60 余颗低轨卫星,完成物联网星座全球全覆盖组网。掌握关键技术,其他能够外包的或者与其他企业合作的则尽量依托外来力量,这也是克服技术壁垒的一种方法。

军转民方面,20 世纪最开始军转民时,军工企业当时都认为军转民是为了扶持民用产业,利用军工技术发展民用市场。所以从 20 世纪第一阶段、第二阶段、第三阶段来看,军工技术转民用是从高往下低就,故而基本不存在技术壁垒。即使是汽车行业,在军工企业人力资源和技术基础的共同努力下,经过一段时间也可以克服。军工企业生产出的产品在民用市场都曾经是红极一时的佼佼者。然而随着民用领域的不断发展,市场竞争的愈发激烈,民用领域的诸多技术已经达到了可以与军工行业一较高低,甚至要超过军工技术的地步。例如信息产业,现在军用飞机上的信息相关技术有很多采用的是民用技术。所以,现在航空航天产业相应进入的民品是否具有技术壁垒与不同的民品市场情况有着很大的关系。例如,特种汽车、液晶显示器、锂电池、太阳能、风能等新能源产业和高技术要求的行业会遇到技术壁垒,但是与航空航天产业本身的技术基础具有一定关系,在原有研发基础上进行改进以适应民品市场的行业则可以突破技术壁垒。而且,另一方面来说,能够进行军转民的军工企业也会在选择所要进入的民品行业时根据自身的技术条件来选择优势技术。例如,探测、遥感是军事作战中经常使用的技术,现在可以用于辅助驾驶。而中国航天科工集团二院25所光电成像技术研究室根据高铁的特殊需求研发出了一套高铁智能避障设备,它主要由毫米波雷达、可见光相机和信号处理器三部分组成,这套装备甚至比军品更为先进——增加了识别障碍物的功能。这是个军民融合的典范,可以看到在克服技术壁垒方面,军转民也是具有优势的。

五、产品差异化壁垒

在军转民的第一阶段,进入的民品主要是一些日用品,这些日用品如不锈钢菜刀、水壶、衣架等,基本不存在产品差异化壁垒。因为军工转民用的技术优势和当时并未成熟的市场经济状况属于卖方市场,生产出的产品质量好,都会有很好的销量。进入第二阶段的产品主要为摩托车、洗衣机、冰箱,当时处于物资短缺时期,这些当时称为"三大件"的产品,属于供不应求,甚至需要凭票供应,所以基本不存在产品差异化壁垒。例如,当时成都发动机公司生产的双燕冰箱一度非常受欢迎,因为利用军工技术加上进口技术,质量非常过硬,成为畅销品牌。即使当时双燕冰箱价格是工人差不多一年的工资,甚至需要凭票购买,依然供不应求。但是,在后来的市场竞争中,同类产品越来越多,国外的产品也进入国内参与竞争,而原有的军转民企业没有适应市场化的模式,渐渐销声匿迹了。后面第三阶段的汽车等产品也基本是这样的情形。当时昌河汽车将日本铃木的微型客车拆解学习,一边学一边造,克服了众多技术难题,最终量产成功,生产出了中华人民共和国历史上第一台自己制造的微型车。在这样的情况下是不存在同类产品竞争的,这是它的优势,但也为后来面临市场竞争时的无法应对埋下隐患。后来,市场同类产品增多,汽车产业进入高速发展的时期,昌河汽车却在此期间经历了军民品分离和被动整合、重组等波折,没能抓足机遇,适应市场,多年不变的单一车型和落后的发展理念让企业力不从心。这也是汽车市场产品差异化壁垒的显现,并导致了昌河汽车后来的没落。2013年,昌河汽车面对市场上的众多品牌,通过品牌梳理和市场分析,制定了自己的全车型发展战略,把质量放在重中之重,作为自己的核心竞争力。通过这一系列的战略措施来克服汽车市场产品差异化壁垒,实现了新的发展。从昌河的发展历程可以看到，在军转民早期的商品短缺时代，市场化严重不足、产品种类很少，基本不存在产品差异化壁垒。而随着改革开放后市场经济的不断发展，现在的市场进入者必然会面临产品差异化壁垒的影响，找准定位、发挥优势才是克服壁垒、成功占领市场的关键。

民参军中产品差异化壁垒则不明显。因为军用产品主要是对产品质量和技术水平的要求，并且由于航空航天产业军工类产品具有很强的垄断特征，不存在类似民品的多种品牌竞争和差异化。

六、信息不对称壁垒

长期以来，军工行业一直存在与民用市场割裂的问题，这个问题在国内外均有出现。因为军工行业的国防安全属性，在二战后的很长一段时间各个国家都是大力发展国防工业、忽略经济建设的，不过后来渐渐都意识到了国防建设和经济建设不可能一条腿走路，陆续走上军民融合的道路。这其中必然会面临军用行业和民用行业信息不对称的问题，尤其在军转民的过程中更为显著。军用技术有很多可以转化为民用，而民用技术也有很多可以为军用，但是在两者相互割裂的情况下，互相可能都不知道原来对方有这种技术。军用和民用领域交流太少，很多非常有潜力作为民用的军用技术由于这种信息的不通畅而导致无法转移，造成资源浪费。随着科技革命、产业革命和军事革命的不断深入，军用技术与民用技术的界线已经越来越模糊，可转换性越来越强，重叠度也越来越高。发达国家的军事技术和民用技术的重合率已经高达80%以上（姜鲁鸣，2016）。军用技术如何与民用需求配套，如何发现这些需求，进而用军用技术转化后满足它是目前军转民过程中需要解决的一个重点。例如，中国航天科工集团二院25所作为一个军品制造单位，也开始涉足民用领域，而且取得显著成果。他们生产的高铁避障设施非常精妙，可以将高铁的障碍物探测范围扩大到百米外，大大提高了高铁的安全性能。但是，这样优秀的军民融合成果却是一次偶然的双方技术人员聊天才想到的，若是能够早一点获知需求，在高铁设计时期就进入的话便能够将此设备设计得更精妙。军方有技术能力，民用领域有需求，但是如何对接却是一个问题。现在，从中央到各地方政府都搭建了军民融合平台，还开展了多种多样的军民融合成果展览活动，努力创造各种机会让军工企业和民用企业对接。在某次军民融合的展会上，有个民用消防器材企业发现某种军工技术完全可以解决他们一直以来的一个技术难题。这种类似的例子还有很多,军民越来越多的交流机会正在弥补信息不对称的问题。

第三节 中国航空航天产业军民融合发展进入壁垒的成因

一、政策壁垒

企业在进入政府管制行业时主要是遇到管制性壁垒的阻碍。首先,军工企业属于特定功能的国企,在实现利润的同时,还需要服务国家战略,保障国家安全和国民经济运行,因此要保持国有资本的控股地位。其次,中国航空航天产业具备规模经济效应的特点,控制行业中企业的数量也能够减少无效竞争,提高市场效率。中国航空航天产业一直以来都是政府规制程度很高的行业之一。航空航天产业政策规制如此严格,原因主要有以下两个方面。

（一）自然垄断

根据自然垄断的标准成本次可加性来看,陈林、刘小玄(2014)认为航空航天制造业是典型的自然垄断产业,即存在规模收益递增以确保更大的生产者具有更低的平均总成本。独占经营时社会生产成本最低,政府实施一定程度的市场准入规制,从节约成本提高效率的角度来说是可行的。由于行业的自然垄断属性,中国航空航天企业大部分都是国企,民营企业很少能够参与,并且参与门槛非常之高,也正因为行业的管制,这些国企长期存在效率低下的问题。

（二）国防安全

军工产业是一个国家国防安全的基石,航空航天产业涉及的武器装备及技术都是国家军工力量的核心支撑。尤其在20世纪冷战时期,一个国家的武器装备实力代表着这个国家是否具备保护国家安全的能力。出于这种重要的意义,中国的军工产业一开始全部是由国家来主导的,从投资、研发、制造到使用,都由国家部门负责完成。而后,经过不断的改革,成为国有控股企业。现在的十二大军工集团均是由此而来。当下,随着军民融合的不断深入,为了统筹经济建设和国防建设共同发展,航空航天产业不断优化政府规制,国家的管制政策发生了很大的改变。但是,不可否认的是,航空航天产业的许多方面还依然是、也必须是掌握在国家手中。航空航天产业的资本来源、研发、技术专利、航空航天器制造等依旧需要国家政策进行规范和引导,这是由航空航天产业的军工属性和国防安全属性所决定的。

二、规模经济壁垒

存在规模经济的情况下,在位企业随着规模的扩大成本不断降低,这样它就形成了自己的成本优势。一方面,因为成本优势,新进入企业在规模小的情况下成本无法降到像在位企业一样低的程度,没有竞争优势;另一方面,由于市场需求有限,已在位企业由于规模很大,市场能够容纳的企业数量就会减少。出于这两个原因,市场上最终只会留下规模大的企业,小企业会被淘汰出局。因此,在位企业具备的这种优势——一种潜在的进入壁垒,就是规模经济导致的进入壁垒。

如图 4.2 所示,在规模经济条件下的成本曲线在一定范围内是斜向下的,即在相关产出范围内的 ATC 曲线斜率为负。同时,又存在固定成本很高的条件,那么由于在位企业大的成本投入带来的平均成本的不断降低,企业就会实现规模经济。此时,一定需求量的产品由一个企业生产的平均成本,就比分开由两个较小规模的企业来生产的平均成本更低。这就是规模经济带来的自然垄断。

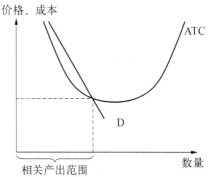

图 4.2 规模经济导致的自然垄断

对于航空航天产业来说,由于需要的资本量过于庞大,投入的固定资本、研发成本都不是小企业能够承受的。并且,对于市场来说,分开两家企业进行生产的成本要大于一家企业进行生产的成本,所以,航空航天产业就形成了现在的寡头垄断甚至完全垄断市场。具体到细分产品来说,在中国国内,基本某种产品都只有一个厂商在生产,即使在全世界来说,也只有寥寥几个大企业。例如,航空发动机在全球只有五个国家(美国、英国、俄罗斯、中国、法国)能够自主研制生产。其中,美国通用公司处于市场绝对优势地位,占有 40% 的市场份额,其次是英国劳斯莱斯公司,占据 22% 市场份额,美国普惠公司占 9% 的市场份额。而中国研制的航空发动机要落后其一代甚至两代的差距。2016 年成立的中国航空发动机集团,集全国的优势来倾力打造中国的"中国心"。由此可以看到,中国作为大国在资金、政策方面全力给予扶持,尚且还处于落后状态,更不用提盈利,只有投入巨额的资本和人力支出,持续数十年,才有可能在未来获取收益。但是,一旦研制成功,能够获取市场份额,那么带来的收益将是巨大的,到那时,生产新的航空发动机所产生的边际成本将会大大降低。也就是说,随着固定资本的投入、规模的扩大,规模经济将会显现出来,这也导致了航空发动机必须在一定的规模下才有可能盈利,这就是航空航天产业的规模效应。正因为如此,所以在世界范围内航空发动机属于寡头垄断市场,而这就是规模经济带来的进入壁垒所导致的。

测算规模经济壁垒高度的一个主要方法就是测算最优经济规模 MES 占市场总规模的比重,简称规模市场比重系数,或规模壁垒系数。其计算公式为

$$D = \frac{MES}{Q_m} \times 100\%$$

上式中 D 为规模壁垒系数,MES 为最优经济规模,Q_m 为市场总规模。D 值越大,表明规模经济进入壁垒越高;反之亦然。

陈林、刘小玄(2014)通过建立估算模型,认为航空航天器制造业为典型的自然垄断产业。该模型根据该产业 181 家企业的成本投入,估算如果只有一家企业生产所有产品的成本为多少,计算该成本与实际成本汇总后的比例即为规模经济指数 S。经测算,航空航天产业的规模经济指数 S 远高于其他产业(历年均值为 0.986)。进一步测算结果显示,决定该产业是否自然垄断的产值阈值大约在 360 亿元,也就是说该规模下进行生产则平均成本最低,也就是航空航天产业的最优经济规模。对规模大于此值的垄断性企业进行分拆可以节省成本;而在 0—360 亿元的产值区间,航空航天器制造企业越独占市场越能节省生产总成本。换言之,在 2007 年的全国总产值(1 006.4 亿元)下,航空航天器制造业的最优市场结构由三家寡头企业垄断,此时产业总成本最低。在现有的可得数据范围内,根据以上实证结果,可以基本确定航空航天器制造业是一个具有自然垄断属性的产业。

根据陈林、刘小玄(2014)的研究结果来计算最优经济规模 MES 占市场总规模的比重可得到

$$D = \frac{MES}{Q_m} \times 100\% = \frac{360}{1\,006.4} * 100\% = 35.77\%$$

根据表 4.3 中国代表产业的 MES 企业产值占全部产值的比例,可以看到航空航天产业具有较高的规模经济壁垒。

表 4.3　代表产业的 MES 企业产值占全部产值的比例

D(%)	代　表　产　品	比例(%)
10 以下	水泥、轻型车、电冰箱压缩机	12.5
10—20	合成氨、硫酸、纸、啤酒、电冰箱	20.8
20—30	橡胶外胎、彩色电视机	8.3
30—40	电解铝、集成电路、卷烟、洗衣机、合成洗涤剂	20.8
40—50	钢、自行车、乙烯	12.5
50—70	生铁、烧碱、缝纫机、棉纱	16.7
70 以上	氧化铝、中型货车	8.4

资料来源:《1989 年中国 500 家最大工业企业及行业 50 家评价(二)》,《管理世界》1990 年第 6 期。

三、必要资本量壁垒

必要资本量壁垒指的是潜在竞争企业进入一个行业必须投入的资本量过高,而对潜在进入企业形成的壁垒。一个行业的必要资本量壁垒高,意味着潜在进入企业进入该行业面临的资本需求量大,或者筹资难度非常大。对于不同的行业,必要资本量壁垒并没有一个固定的值,因为每个行业所面临的市场、成本、固定支出、行业前景、政策环境等都不一样。施蒂格勒(Stigler)认为,只有当进入者比现有企业面临一个系统性的更高的资本成本时,在最小最优规模处运营所要求的高额绝对资本需求量才是一种进入壁垒。也就是说,当潜在进入企业面临的资本成本与现有企业一样时,企业通过多种方式筹措资金还是可以克服的,但是当面临的资本成本高于现有企业时,那么这种差异就成为现有企业的一种优势。

航空航天产业的必要资本量壁垒主要是由该产业特点导致的。航空航天产业的研发、生产、制造需要的成本异常高昂,并且周期长达数十年。以民机制造为例,一架飞机从开始的设计制造、实验、原型机研制、制造组装、试飞,再到最后的量产推向市场,每一个阶段都需要不断地投入人力资源、资本、时间、至少需要20亿美元,周期长达5—10年,若是毫无基础的制造,那更需要15—20年之久。而对于企业来说,投入如此之大,还要面临很高的失败概率。就像我国20世纪研制生产的运十飞机,投入巨额资金,耗时数十年,而后没有实现量产推向市场,之前的时间和投资更是无法收回。对于一般的企业而言,一旦投资失误,这些专用设备、装置就面临无法转卖或低价出售的情况,造成大量无法收回的沉没成本损失,这些退出障碍反过来也会提高企业对该行业投资风险的预期,从而使新企业不敢贸然进入。从这方面来说,必要资本量壁垒与规模效应壁垒可以说是相辅相成,相互促进。因为存在必要资本量壁垒,而使得规模效应壁垒较其他行业更高;也因为存在规模效应壁垒,巨额的必要资本量壁垒使得航空航天产业更加难以进入。

另外,对于航空航天产业来说,在不考虑政策壁垒的情况下,如果一个新企业进入航空航天领域,并且以获取利润为目标的话,由于规模经济的存在,它需要比现任企业有更高的投入规模才能够使成本降到现任企业以下。所以,新企业进入之初就面临着比现有企业更高的资本成本。如图4.2所示,现有企业的成本随着规模的扩大而不断降低。当现有企业资本规模在一定量时,自身的平均成本已经处于非常低的位置,而进入企业根据向右倾斜的ATC曲线来看,必须将规模提升至超越现有企业,才能将成本降下来,在竞争中获胜。航空航天产业巨额的固定支出和研发支出,以及长期的资本投入造成了这种规模效应,使得必要资本量成为一种进入壁垒。

另外,在实践中,存在投资政策不平等的情况。军工企业本身的体制优势在资本筹措方面表现明显,无论是武器装备采购还是研发制造,国家政策都给予了最大程度的支持。这主要是由于行业本身就是国企,国家投资较多,加上为了发展航空航天产业,相对于其他行业国家一直对该行业的科研和生产给予扶持,而之前的发展导致该行业大部分为国有企业,这就导致了军工行业的现有国有企业享受了国家的种种资本上的优惠政策。民营企业相对于军工企业在经费和政策方面,甚至在采购竞争中都不占有优势。还有,现在军品价格政策和税收政策也都是面向国有军工企业的,增值税、消费税、土地使用税减免优惠等都还没有普及到军工行业的民营企业。投资和税收政策的不平等进一步抬高了民营企业进入军工行业的资本壁垒。

除了投资政策的不平等,民营资本想要进入还面临着军工企业本身的限制问题。军工企业会担心企业的管控权利,过多地引入民营资本会让军工国企担心民营资本对企业的控制力度会否过大;军工企业的技术在引入民营资本的过程中是否会有外流和保密问题；此外，还有国有企业的资产流失或"变性"问题等。这些都是我国特有的航空航天体制中遇到的资本壁垒的特殊表现。

四、技术壁垒

始终保持超过潜在竞争者的技术优势的公司能够成为垄断者，这种技术优势也就形成了进入企业的技术壁垒。在位企业凭借其精密复杂的技术专利始终超过其潜在竞争者而保持在位优势，航空航天产业超高的技术含量就成为技术壁垒，尤其是航空航天产业的军用设备，基本要比民用设备技术超前20年。国外的许多国家进口中国的教练机等设备也是因为其技术含量较高，自己根本研制不出，只能进口。就中国来说，军用标准也远远高于民标，这就导致了航空航天产业产品技术含量要远远高于民用产品。再加上我国国防科工体制的封闭性和保密性，技术向外转移非常困难，民营企业在毫无基础的情况下要进行技术研发的创新更是难上加难。国防基础科研和尖端科研设施、设备、机构、成果为国有军工集团所垄断，成为他们自己的"技术秘密"和保持技术垄断的工具，不利于国防科研成果为所有参军企业共享，也不利于这些科研成果向民事部门转化运用，希望进入的民营企业根本无法达到军用标准。不考虑其他壁垒的情况下，技术壁垒就已经达到阻止潜在竞争企业进入行业市场的目的。

但技术优势并不是长期的进入壁垒，随着时间的推移，竞争者们将投入资金以提高技术水平，并与技术领先者进行直接竞争。以美国的英特尔公司为例，它一直是微处理器行业的最佳生产者，这让它具备始终超过竞争者的优势，几乎垄断了市场。但在随后几年中，美国高级微电子器件公司 AMD (Advanced Micro Device)持续在芯片处理器上的投入让该公司生产出了几乎和英特尔技术性能一样的产品，技术上的突破也打破了英特尔公司对市场的垄断。在航空航天领域也有这样的例子。连续波雷达技术属于军队对其有迫切需求，但是当时的军工科研院所均没有涉足的领域。发现这一空白之后，一个民营企业整合了西安高校、社会上的先进技术资源，研制出填补市场空白的产品。也因为这一技术，该企业获得了军方的认可，得以进入军工领域。

五、产品差异化壁垒

由于航空航天产业的垄断特征,行业内的产品极少存在销售、产品广告等方面的差异化,产品差异化壁垒主要存在于军转民的民用领域中。在民用领域,由于销售渠道、品牌效应、附加功能等引发的消费者偏好,导致消费者在面临同样产品时会倾向于自己熟知或偏好的产品。产品差别对企业产品的销路和市场占有率有很大的影响,当由产品差别(设计、广告等)形成的成本对新厂商更高时,产品差别才成为进入壁垒。消费者对差别化产品在心理上的认同感颇深。对于原有企业来说,他们在广告宣传上只需保持原有的力度或稍加改变即可,无需花费巨额的支出。但对于新企业,万事需从头做起,在解决了设计和制造方面的难点之后,还要想方法使公众相信新企业的产品与众不同,这无疑要比原有企业花费更多的广告和设计费用。例如,在汽车和家用电器行业里,原有企业建立了区域性或全国性的推销网和服务网,新企业要建立与之相匹敌的系统不是一朝一夕能做到的。因此,原有企业的产品差别程度便成为进入壁垒。

六、信息不对称壁垒

长期以来,军工行业一直存在与民用市场割裂的问题。由于军工行业涉及国防安全和技术保护,对于民营企业来说,存在着严重的信息不对称。其实,由于军工行业的国防安全属性,在第二次世界大战后的很长一段时间,各个国家都是大力发展国防工业忽略经济建设的,这使得国防军工领域的技术和发展情况对于民营企业来说完全未知,而军工行业对于现有技术能够解决什么样的市场需求也不甚了解。这就导致军转民的过程中军工企业不知道哪些技术可以转移出去,而民营企业也不知道有哪些技术可以解决他们的问题。严重的信息不对称造成了航空航天产业军民融合发展的进入壁垒。

第四节 本章小结

在中国航空航天产业军民融合发展中主要存在着政策壁垒和市场壁垒。

第四章
中国航空航天产业军民融合发展进入壁垒的理论分析

其中市场壁垒又包含了规模经济壁垒、技术壁垒、必要资本量壁垒、产品差异化壁垒和信息不对称壁垒。这些进入壁垒在中国航空航天产业军民融合发展中有着不同的表现,一方面阻碍了潜在竞争企业的进入,另一方面也避免了过度进入导致的无效率。由于航空航天产业本身的高资本、高技术、高人力要求的特征,导致产业本身的进入壁垒非常高,这一点在民参军的过程中得到显著体现。而军转民的过程中则由于军工企业本身的技术、资本、政策优势,进入民用领域面临的壁垒比较容易突破。

随着中国航空航天产业的不断发展,不同性质的业务不断出现。规模经济壁垒和必要资本壁垒较低的业务,民用航空、商用航天中的服务业,一些随着时代的发展而扩展出的新市场领域,航空航天产业中的咨询类、金融类服务,包括商业航天中一些小型卫星发射服务,或是航空领域中一些区域性的航空服务等在航空航天产业中所占的比例不断增加。这些业务相较于传统航空航天制造业需要更强的竞争性环境才能提高效率。这些业务所需要的政策壁垒也与传统行业不同。

市场壁垒和政策壁垒两者相比,对于民营企业而言,由于缺乏国家政策的支持,管制壁垒的消解相对于市场壁垒而言更难(汪伟、史晋川,2005)。这是因为,一方面,在我国特定的转型经济条件下,垄断企业本身具有的政治资源和超额利润的吸引,让在位企业很容易寻求进一步的政策管制的保护,而不是通过建立市场策略性壁垒来抵制新进入企业。另一方面,政策壁垒的存在会削弱市场壁垒的作用。当市场被政策壁垒保护起来时,那么在位企业之间的竞争大大减弱,市场壁垒无法发挥其本身的作用。在现阶段我国民营企业进入垄断行业的研究中,政策壁垒的重要性超过了市场壁垒。

第五章　中国航空航天产业军民融合发展进入壁垒的历史及现状分析

第一节　中国航空航天产业军民融合发展进入壁垒的变迁及替代效应分析

国防工业从 20 世纪发展到现在,国家出台了一系列的政策促进军民融合,从"军转民"到"军民结合",再到"军民融合",现在已处于"军民融合"深度发展阶段。国防工业及民用产业的进入壁垒在军民融合的过程中不断地显现和消解。作为国防工业典型代表的航空航天产业,在军民融合的不断深入过程中,其相关企业进入其他产业时面临的壁垒如何变动以及如何克服?而其潜在的进入企业面临的进入壁垒又是如何显现和消解的?本节从军民融合与进入壁垒之间的相互影响入手,研究进入壁垒在这个过程中的表现、显现与消解。

20 世纪 80 年代以来,和平与发展已是时代的主题。中央在认真分析了我国军备与世界先进武器的差距后,明确指出"军备落后,有的要减产,有的要停产",要求部队要服从全面、照顾全局,提出"全面规划,突出重点,有计划、按比例发展我军装备"的指导思想,从此军品任务陡降。1982 年,确定了军工企业"军民结合、平战结合、军品优先、以民养军"的指导方针,强调军工企业要从改革中找出路。由此,军工企业从封闭或半封闭状态迈向"军转民,内转外"的主战场,航空航天企业也在国企改革的洪流中。在此阶段,航空航天企业着手改革种种弊端,开始涉及民品,参与市场竞争,并且发展了众多的优势民品。以航空工业为例,1998 年,全行业民品产值 254 亿元,占航空工业总产值的 81%,其中支柱产品、重点产品的民品产值占航空工业总产值的 76.3%,成为主要经济来源。航空工业发展了汽车、摩托车、汽车零部件、汽车机械类、制冷产品、纺织机械、食品与包装机械、机械设备及工具产品、医疗制药机械、高精度液压基础件、节能环保、电气等产品。这些支柱民品随着岁月的流逝,有 1/3

以上退出市场或被其他行业兼并,但半数以上仍在市场中拼搏,有的也形成了一定规模。

一、军转民过程中进入壁垒的变迁分析

改革开放30年来,中国航空航天工业的军转民产品大致可以分为以下三代。

第一代,以不锈钢菜刀、衣架、水壶等为代表。这些早期的"大路货"目前基本上都已经销声匿迹。

第二代,以摩托车、洗衣机、冰箱等为代表。这些产品也曾经快速占领市场,成为家喻户晓的品牌,但最终也没有留下踪迹。

第三代,以昌河汽车、松花江汽车等为代表。在之前的"大路货"产品都未能长期占领市场之后,中国航空航天工业痛定思痛,决定军转民要从军工优势技术着手,借助优势技术来实现军转民,这一阶段的产品已经在市场上有了较强的竞争力,也打造成了家喻户晓的品牌。然而在辉煌一时之后,最终被长安汽车并购。

其实在此之前,中国航空工业手中就已经开始了一个军转民项目——运十飞机。20世纪70年代初,当欧洲空客公司还没有开始A300项目时,中国的运十飞机项目就已经在研制了。1980年,飞机试飞成功,还承担了多项飞行任务,其中包括进入地形气候最复杂的西藏执行救灾任务6次,第三架飞机也在装配中。但是,由于当时的航空总局认为运十各项指标与国外尚有差距,而当时服役的20架波音机型还能支持20年,自己生产不如买进。所以,资金迟迟不能落实到位,运十就此夭折。

如果运十没有夭折,而是继续生产下去,那么随着技术的不断进步,我们会有自己的大飞机,现在的民用航空市场上一定会有中国的一席之地,甚至能够与欧洲、美国三分天下;如果当时的双燕冰箱能够在市场中存活下来,发展到今天在家电市场上也会大有作为;如果昌河汽车能够在市场竞争中始终坚持下来,今天中国的汽车市场可能就会完全不同……在航空航天产业的军转民过程中有太多的遗憾,也有太多的必然。接下来,从军转民方面来看我国的军民融合进程中不同时期的进入壁垒变动情况。

(一)"军民分离"时期

在发展之初,由于航空航天产业的落后,我国政府及航空航天人通过自力

更生、艰苦奋斗发展事业。此时,在国际航空航天市场上,我国企业的进入壁垒主要体现在面临世界航空航天强国的市场性阻碍,包括国外发达国家航空航天企业发展已久且积累起来的资本存量优势、长期发展中技术累积的领先、对我国的技术封锁以及规模经济的优势,这些都形成了我国航空航天产业发展的进入壁垒。在这个阶段,国家航空航天产业各方面基础薄弱,尤其是技术严重落后,依赖国家投入资金、人才,并通过仿制国外先进技术开始发展航空航天产业。此时,国内并不存在任何竞争者,军与民处于完全割裂状态。

(二)"军民结合"时期

从国内来看,初期国内并不存在任何竞争者,军与民处于完全割裂状态。经过数十年的发展后,随着技术的进步和资本的累积,航空航天产业做出了一些成果,企业也慢慢有了自己的航空航天优势产品。随着改革开放的推进,也由于政府政策倾向的改变,从大力发展军工到军队暂时靠后,军品订单陡降。政策上的扶持开始变少,政府开始鼓励军转民,这一阶段的军民融合主要是军向民转。国企开始涉足民营产品,甚至以民营产品的收益来支持航空航天主产品。但是,军工技术由于企业长期担任政治性的军品生产任务和日益专业化的分工,在生产方面,企业资产具有专用型,构成这种专用型的劳动、资本、技术等要素具有不可转移性,除了部分的军事技术具有广泛的民用效益以外,大部分技术很少有直接的民用价值,这两方面决定了军工企业与军品生产具有高度的依存关系,面临进入民用领域的壁垒(姚博,2016)。

针对这一壁垒,军工企业在军转民方面选择了自身的军工优势技术,结合民用领域需求进行研制生产。由于航空航天产业本身具有的技术领先优势,其开始研制的冰箱、电视、摩托车、汽车等产品迅速打开并占领市场。这说明在20世纪军工技术和资本普遍领先于民营的情况下,在"军转民"的过程中,军工企业突破了民品相关产业,如电视、摩托车、汽车、冰箱等产业的进入壁垒,成功占领市场。

从航空航天产业内部来说,1982年国家的"军民结合"政策在一定程度上为产业内部进入新市场突破了资本壁垒。由于航空航天产业高额的资本要求,资金一直是制约航空航天产业发展的一个重要因素。对于这些已经进入航空航天市场的垄断国企来说,在该产业内部想要发展新产品、进入新领域,这些航空航天垄断国企并不受政策壁垒的限制,而是被市场壁垒限制着。例如,发展直升机需要大量资金,必要的资本存量是发展的一个重要的制约条

第五章
中国航空航天产业军民融合发展进入壁垒的历史及现状分析

件,而此阶段"军民结合"政策倡导下发展的民品为航空航天产品的研制和生产提供了资金。在当时军品任务陡降、订单减少的情况下,军工企业支撑尚且困难,更遑论投入资金研发新产品。而此时的军转民过程中,凭借着军工技术的优势,军工企业研制的民品在民用市场很受欢迎。例如,昌飞公司生产汽车的收入,在哈飞最困难的时期,为研制直五型直升机提供了资金。另外,生产的液化气钢瓶、高速轧机、医药包装机械等的盈利使得哈飞能够在完全没有经费的情况下开始设计研制国内第一个采用国际市场标准的民用飞机——运十二。

(三)"军民融合"时期

这一阶段,"军民融合"的政策已经比较成熟,加上前期的发展累积,在军转民方面航空航天产业有了很多成功企业。例如,无锡硕放机场开始向民用领域开放;C919商用大飞机的研制和生产涉及大部分军机生产商;北斗导航除了军事用途外,在民用领域已经扩展到了方方面面,如个人位置服务、气象应用、道路交通管理、铁路智能交通、航空运输等;还有中天火箭公司的增雨防雹火箭弹和发射系统已成为国内人工影响天气的主要作业工具,取得了较好的经济效益,全国有28个省份在使用该产品,市场占有率高达70%。可以看到,军用技术经过转化应用于民用,由于本身军用技术就领先于民用,所以民用产业的进入壁垒在军转民方面来说,难度相对民参军较低,比较容易突破。

不过,在军民融合中也存在信息不对称的问题。军用和民用领域交流太少,很多非常有潜力作为民用的军用技术由于这种信息的不通畅而导致无法转移,造成资源浪费。军用技术如何与民用需求配套,如何发现这些需求,进而将军用技术转化后满足它是目前军转民过程中需要解决的一个重点。例如,中国航天科工集团二院25所作为一个军品制造单位,也开始涉足民用领域,而且取得显著成果。他们生产的高铁避障设施非常精妙,可以将高铁的障碍物探测范围扩大到百米外,大大提高了高铁的安全性能。但是,这样优秀的军民融合成果却是一次偶然的双方技术人员聊天才想到的,若是能够早一点获知需求,在高铁设计时期进入的话,能够将此设备设计得更精妙。军方有技术能力,民用领域有需求,但是如何对接却是一个问题。

除了信息不对称,在资金来源方面也存在一定问题。由于前期军转民风险大、投入大,所以需要多方资金支持才能突破壁垒要求。618所民用无人机项目遇到的就是这个问题,该所领先于市场2—3年研制出专业的农业飞喷无人机和电力巡航无人机,也形成了产品。但是,技术成果和前期投资无法评估,资金一直没有到位,目前仍未能实现产业化,而被市场上的其他企业抢先。这也说明,在军转民方面也面临着资本壁垒,如何化解还需要多方面的共同努力。

现在军民融合深度发展战略上升为国家战略,国家从体制、资金、政策、基础设施配套等多方面给予支持。此时军工产业想要发展军转民,进入民品市场,面对的主要是市场壁垒,包括产品差异性、规模经济、必要资本量、技术壁垒等。军工技术虽然大部分领先于民用技术,但是并不能直接用于生产民品,要把国防知识产权转化出来,再经过二次开发,才能走向市场。2017年,军委装备发展部首次集中发布解密国防专利信息,国防知识产权信息平台于2017年9月25日正式上线运行。该平台旨在解决军民融合方面的双方企业信息不对称问题。除此以外,各种军民融合展会在全国各地召开,这为军民两用技术的交流和互通提供了良好的平台,也取得了很好的效果。在资金方面,由于军转民前期项目风险很大,最终能成功转化的比例很低,投资面临较大风险。此时,企业需要合理利用国家政策性基金,规范管理军转民专项资金,同时还需要风险投资、银行贷款融资等多种融资方式相配合,以突破进入产业的资本壁垒。对于产品差异性壁垒,则需要找准自己的优势,从技术、产品特色、需求等多方面持之以恒,不断发展才能克服。

二、民参军过程中进入壁垒的变迁及替代效应分析

从民参军方面来说,在"军民割裂"时期,一方面,由于军工产业在位企业的技术优势、资本优势,潜在企业容易望而却步;另一方面,由于国家出于国防安全以及该产业本身自然垄断的产业特征考虑,严格限制航空航天产业的民营企业准入,故而形成了政策壁垒。因此,对于航空航天产业的民参军来说,政策壁垒形成了第一道关卡,将潜在进入企业拒之门外。而军工集团内部之间业务相互分开,几乎没有竞争,这一阶段市场性壁垒根本没有发挥作用的机会。

转型经济中政府对特定行业的管制,在提高民营企业管制性进入壁垒的同时,显著弱化了市场性进入壁垒。也就是说,对于航空航天产业的在位企业来说,由于政府政策的限制,民营企业无法进入该产业,因此在位企业缺乏必要竞争,长期以高额的垄断利润占领市场,这也正是目前政策将"军民融合"提上国家战略的一方面原因。适当的消除政策壁垒,引入竞争,将会使市场壁垒更多地发挥作用。另一方面,随着改革开放的推进和市场经济的发展,民营企业体制灵活、对市场反应灵敏、创新能力强的优势渐渐显现出来,并且,经过几

第五章

中国航空航天产业军民融合发展进入壁垒的历史及现状分析

十年的发展,民营资本实力雄厚。而在信息产业的发展方面,部分民营企业在技术上也早已占据了绝对的领先地位。2007年,国防科工委《关于非公有制经济参与国防科技工业建设的指导意见》为民参军指明了方向。军工市场前景非常广泛,现在军民深度融合战略打开了军工产业的大门,军工领域吸引了大量的民营企业和民营资本进入。到2017年,我国有2054家单位取得武器装备科研生产许可证,其中非公有制企业717家(一类许可50家)。

面对长期相对封闭的军工行业和"兵强马壮"的国有军工单位,民营企业的"参军"之路非常不易。政策壁垒有所消解后,市场壁垒则成为主要障碍。必要的资本量、强大的技术壁垒都是必须克服的问题。军工领域广泛的前景和利润空间吸引了众多民营企业和资本进入,他们在技术和实力上达到了和军工企业竞争的程度。但是也必须看到,这些企业大多还是在与现有的军工企业进行合作,或是作为下游企业来制造配件。而且,即便如此,能够进入军工行业的依然是少之又少,整个过程都会有军队需求方全程监督,并且产品要经历论证、研制、试验多个阶段,验证时间长、投入大,对于企业来说前期投入成本增高,经营风险也因此加大。与军工企业相比,参与军品科研生产的非公有制企业普遍存在企业规模偏小、科研生产开发能力弱等问题。他们多是在某一方面拥有特色产品,或者在一两项技术上具有竞争优势,随着军品研制需求的变化,其在预研能力、后续产品研发能力和系统集成方面就显得比较弱。在推进军民融合的过程中,很多企业看到军工市场巨大的潜力,但能够有资格获得"四证",能够从技术上超越军工产业原有技术或是填补空白,资本量能够支撑得起军工产品前期的沉没成本、研制成本、研制周期、成本回笼周期的寥寥无几。所以,能够真正实现进入国防工业并且取得订单实现盈利的民营企业还是少之又少。

西安天和防务公司的民参军历程非常有代表性。西安天和防务技术股份有限公司最开始的"参军"是从连续波雷达开始的,这一块是军队有迫切需求,但是当时的军工科研院所均没有涉足的领域。经过了解之后,天和防务整合了西安高校、社会上的先进技术资源,研制出填补市场空白的产品,也因为这一技术获得了军方的认可,才在接下来获得了国家二级保密资格单位认证,并获得军方订单。此外,其进一步联合中国民航大学、深圳大学ATR实验室、中国民用航空东北地区空中交通管理局、四川九洲电器集团有限责任公司、中航通用飞机有限责任公司等五家单位,成功申请国家科技部科技支撑计划"中国民航协同空管技术综合应用示范"重点项目课题——通用航空综合运行支持系统。通过这样的方式进入军工领域,并越来越多地参与军工生产,同时,由于资本和技术的累积,也更多地获得了共同研发制造的机会。

另一家民营企业西安三角防务股份有限公司的主营业务是航空、航天、船舶等行业锻件产品的研制、生产和服务,为中国军用和民用航空飞行器提供包括关键的结构件和发动机盘件在内的各类大型模锻件和自由锻件。确切地说,是军用新一代战斗机、新一代运输机、新一代直升机结构件和发动机盘件。该公司抓住了军民融合式发展的机遇,通过自主创新,生产出了包络体投影面积达 5.4 m^2 的国内最大的超大型钛合金整体框锻件,突破了钛合金锻件组织性能均匀性控制和批次稳定性控制等关键技术,成功开发出满足重点型号飞机和发动机应用需求的关键钛合金锻件,各项性能水平处于国际先进水平。在高温难变形材料加工方面,先后生产出了多个牌号、投影面积达 1.2 m^2 的航空发动机、燃气轮机用盘类模锻件,突破了高抗力、难成型、大型高温合金盘类锻件的生产,解决了高温合金锻件晶粒度控制、组织均匀性和力学性能均匀性控制等关键技术。该公司已经成为民间资本进入航空和军工制造领域的典型企业,今后会进一步加大在国防军工领域的投资并购,极有可能成长为国内军民融合发展的领先企业。

可以看到,民营企业要想进入军工市场,必须要打破壁垒、消解壁垒,在技术方面要弥补空白或是超越现有企业,甚至要达到国际领先水平,才能够在与原有垄断国企的竞争中拿到订单。正如上文中天和防务在关键时期克服了技术难题而争取到了军方订单,而三角防务则是在技术上自主创新达到了国际领先。另外,我军现代化需求很大并且民用技术颇有优势的信息化领域在民参军上有着强大的技术优势,因此,信息产业的民营企业想要进入军工领域则在技术壁垒方面存在先天优势,这也是军民深度融合的重要领域。其次,在资本方面,也需要自带强大的资本加持。三角防务注册资本达到 44 595 万元,股东里有自然人股东,也有国企和政府部门,以及民营投资公司,数十个股东共同出资才完成了如此庞大的资本累积。另外,现在军民融合基金和越来越多的 IPO 以及上市公司并购带来有利的资本支持,这也是破解军工领域资本壁垒的有效方式之一。

军工企业对于军品供应商的要求非常严格,必须达到其稳定性、安全性、高效性等标准。因此,承担武器装备科研生产任务的单位一般应取得武器装备质量管理体系证、武器装备科研生产保密资格证、武器装备科研生产许可证和装备承制单位资格证,合称"四证"。现在,随着军民融合战略深入推进,政策正在逐渐简化,武器装备质量管理体系证和装备承制单位资格证实施两证合一,武器装备科研生产保密资格证和武器装备科研生产许可证实施两证会审,装备采购中公开招标越来越多。两证虽然对企业来说依旧是一个非常高的要求,但这在一定程度上消解了政策壁垒。

在中国航空航天产业发展过程中,最开始的产业进入壁垒主要是政策壁垒,而市场壁垒几乎不发挥作用。随着军民融合的不断推进,政策壁垒不断降低,到现在则是以政策壁垒为主而市场性壁垒为辅的状态。在我国特定的转型经济条件下,垄断企业本身具有的政治资源和超额利润的吸引,让在位企业很容易寻求进一步的政策管制保护,而不是通过建立市场策略性壁垒来抵制新进入企业。对于现阶段我国的经济体制状况而言,在民营企业进入垄断行业的研究中,政策壁垒的重要性超过了市场壁垒。

政策壁垒对市场壁垒有一定的替代效应。这种替代效应表现在内容和作用上。从内容上说,政策壁垒如目前"四证"的要求,本身包含了对进入企业生产能力、资本、技术等的要求,这从内容上替代了市场壁垒如技术壁垒、必要资本量壁垒等的要求;从作用上说,政策壁垒的存在会削弱市场壁垒的作用,也为寻租、效率低下、竞争不足增加了可能性。当一个企业存在政府关系时,它可能更容易通过政策壁垒,而当它通过政策壁垒进入这个市场,由于市场的竞争不足,导致其面临的市场壁垒被减弱了。当市场被政策壁垒保护起来时,在位企业之间的竞争大大减弱,市场壁垒无法发挥其本身的作用。也就是说,存在着这种可能性,进入企业并不一定会是市场上资本实力、技术实力最强的,由于这种政策壁垒对市场壁垒的替代作用,让较弱的企业进入了市场,而更强的企业却无法进入。

第二节 中国航空航天产业军民融合发展进入壁垒的案例分析

一、C919项目中的进入壁垒分析

(一) C919项目背景及发展历程

迄今为止,中国在大飞机制造上有三次尝试,最开始的大飞机制造要从运十说起。运十从1964年开始研制,到1980年在上海首飞成功,1981年进京表

演,中间经历了"文革",克服了技术上的难题,终于试飞成功。当时试飞成功在国外被众多主流媒体报道,国内反而只有零星报道,甚至主设计师马凤山感慨好像从来没发生过这件事。而后,虽然运十承担了诸多的国内运送任务,但是因为当时航空总局认为运十技术标准在各方面背离客运标准,成本高,且属于国外快要淘汰的水平,国内现存的几架相似机型如波音还能使用20年,再加上当时国内飞机客运市场需求非常小,很难市场化,故而运十并没有继续下去,相关的科研资料也没有保存下来。非常可惜的是,造成了航空技术研发的断档和大量的人才流失。

后来,有关方面认为造不如买,决定"用市场换技术",这是中国在大飞机上的第二次尝试。我国相继与麦道、空客进行合作,但是都因为对方爽约而未能成功,最终"用市场换技术"的尝试失败了。2000年,中国决定集中力量自主研制具备世界水平的新型涡扇支线客机——ARJ21涡扇支线客机。接着,又研制了C919,使用国内外的优秀技术进行集成制造,历经数年,于2017年9月终于首飞成功。

C919虽然被称为大飞机,但具体来说是属于中短程双发窄体民用运输机,最大客运量为150—160座,在客机里边属于中型机。大型机如波音737载客最高192座,更大的如空客A380可载客550人。未来计划生产的C929则会是真正意义上的大型机,预计能够载客280人。C919作为一个面向商业的机型,它不像之前的运二十、歼二十,它要直接竞争的对象是波音、空客、伊留申。从军民融合的角度来说,这是利用军用技术开发民品,进入民品市场的一个典型案例。C919从研制到制造,再到首飞成功,截至2017年12月已经收到700多架订单。

(二) C919项目进入壁垒的表现及消解

在这个过程中,该项目也面临着诸多壁垒,如技术壁垒、必要资本量壁垒、行业标准壁垒等。由于国家的大力支持及各方对民用航空制造市场的信心,在资本量要求方面该项目得到了各方面资金的支持,因此,其主要面临的是技术壁垒和行业标准壁垒。

1. 技术壁垒

大飞机对发动机、航电系统的技术要求非常高,可以说没有任何一个行业能够与之比拟。从技术的国产化率来说,运十机体国产化率100%,航电和机械及系统国产化率超过96%,其国产化程度要超过后来的ARJ和C919。但C919与运十不同的是,C919是面向商业领域的,商用机型相比其他领域更要

第五章
中国航空航天产业军民融合发展进入壁垒的历史及现状分析

求舒适性、安全性,制造非常复杂,且涉及的零部件众多。以飞机发动机为例,发动机在高速转动时的温度可以达到太阳表面的一半,压力达到50个大气压,涡轮叶片叶尖的转动速度达到2 000千米/小时,叶片更长达3米。除了这些,民用客机还要考虑到经济性能和舒适度,油耗不能太高,噪音也需要降低。而在高温和高转速条件下的材料更有难度,既要满足硬度要求,更要在苛刻的条件下不能变形,性能不能下降,因此从技术上就要通过合理设置来进行隔热和冷却。这些只是飞机设计制造过程中的一个局部,其他方面的难题更是数不胜数。面对超高的技术壁垒,中国在研制中主要通过两个方式来解决。

(1) 采用主制造商—供应商研制模式。

由于民用飞机制造技术要求过高而且涉及面太广,目前并没有一个国家可以说自己是完全国产化的。中国商飞作为大飞机主制造商,负责设计集成、管理体系、总装制造、市场营销等方面,把发动机、机载设备、航电系统等外包给国内外供应商来负责。波音787机体35%的零部件为"日本制造",三菱重工、富士重工是波音787主翼和中央翼的制造商,碳素纤维复合材料则由日本东丽公司开发生产,这正是机体减重的关键。787可以选用GE和罗尔斯-罗伊斯(劳斯莱斯)的发动机。空客A380更是集欧洲各国之大成,机翼英国造,机身德国和法国分工合作,机尾西班牙造,荷兰给德国打下手,法国总装,发动机可选英国或者美国的,各种零部件供应商更是遍布全球。

在C919项目中,我们与霍尼韦尔国际公司(Honeywell International Inc.)、美国联合技术公司(United Technology Company)、UTC宇航系统公司(UTC Aerospace Systems)、派克·汉尼汾公司(Parker Hannifin Corp.)、CFM国际公司、罗克韦尔·柯林斯公司(Rockwell Collins Inc.)都有密切的合作。其中,派克·汉尼汾公司协助开发国产C919大型客机的主飞控系统,参与线控系统包括水平尾翼配平作动器与电机控制,副翼、方向舵、扰流器与升降舵助力器,远程电子组等,罗克韦尔·柯林斯公司负责开发C919飞机通信导航监视系统。

C919的国产化率在50%以上,即使如此,也已经打破了欧美大型客机在中国的垄断地位,超出了预期效果。如果强行要完全国产化,大飞机就根本无法造出来,或者即使造出来,也无法在各项标准上符合国际要求,那么,反而会挫伤中国制造大飞机的热情和国家在民航制造业上的信心,类似运十的悲剧有可能重演,大飞机制造被搁置,或者浪费巨额投资和长期的时间成本,让中国的民用航空制造进程继续落后于人。另外,大飞机制造过程中,除了各核心部件外,总装集成其实更考验一个国家的技术水平。如何使各方面的零部件相互兼容并且集成在一个平台上,如何制造出既有可靠的结构强度同时又尽可能轻便的机身外壳,这是一个复杂的系统,需要借助国家强大的工业基础和人才队伍才能实现。作为一款商业用途的飞机,在制造中大量使用国际一流的发动机与航电、飞控技术以增强稳定性,并以此加大通过美欧主导的适航认证的概率,更为之后的国产化积累了经验。

(2) 充分利用国内资源,军机生产技术转民用。

C919制造达到超过50%的国产化率。机头是在中航工业成飞民机生产的,机身部段在中航工业洪都生产,平尾部件装配是在中国商飞公司总装制造中心浦东基地,中机身部段在中航工业西飞生产,中后机身部段在中航工业洪都生产,发动机则是选用了CFM国际公司的CFMLEAP-1C发动机,所有配件生产完成后在中国商飞的浦东基地装配完成。除了这些企业,清华大学、南京航空航天大学、哈尔滨工业大学、上海交通大学、复旦大学、合肥工业大学、天津大学、西北工业大学、大连理工大学、北京航空航天大学、武汉理工大学、中南大学、燕山大学等学校的科研人员参与了研发和制造。这些参与的企业和研究人员若没有之前参与军机制造的经验和技术,是不可能在若干年内将C919研制成功的。国外的大飞机研制也是如此,以波音为例,波音之所以现在能成为客机制造的巨头之一,也正是因为之前参与制造军机的经历和技术积累。波音曾经参与了美国军用加油机KC-135,以及B-47、B-52轰炸机的研制,其利用长期参与军机研制的经验和技术,才得以用非常少的成本和时间造出了波音707等商用机型。美国波音707和747客机的研制中,都有大量的美国政府20世纪60年代初支持的C-5A军用运输机研制的成果转移过来,波音707的研制中军用向民用的转移甚至超过了90%。普惠公司研制的JT-9D涡扇发动机、麦道公司和洛克希德公司研制的DC-10和L-1011宽体客机中也大量使用了C-5A军事航空项目的研究成果。这都是美国实施军民融合战略的结果。

2. 行业标准壁垒

行业标准壁垒其实首先也是技术壁垒的一部分,因为行业标准也是以技术为基础的。但是,行业标准壁垒并没有归在技术壁垒里面,原因就在于它并不仅仅是技术原因,还涉及政治和国家之间的竞争因素,故而单独列出。C919

第五章

中国航空航天产业军民融合发展进入壁垒的历史及现状分析

截至 2017 年 12 月就已经接到了 700 多架订单,这是中国制造的大飞机被认可的证明,也说明了市场需求的广阔。但是,C919 面临着取得欧美国家适航证的问题。适航证是美国适用的航空飞行准入证明,也就是美国联邦局 FAA 认证,这是其他国家飞机得到美国政府认可的一个证明,也是进军国际市场的一个门票。由于美国、欧洲在客机市场发展已久,在全球航空市场影响很大,市场占有率非常高,制定出了得到大多数国家认可的标准,因此,其他国家的客机生产和飞行都受到这个标准的约束,这在一定程度上也成为大国之间政治博弈的工具。中国在制造 C919 之初就参照了美国联邦局 FAA 认证的相关标准制定了一系列的规章制度——CCAR21 部、CCAR25 部、CCAR121 部和 CCAR145 部等,这些标准几乎是按照美国 FAA 标准完全照搬来的,所以在 C919 的制造上是完全符合 FAA 认证标准的,安全水平也是有保障的。现在,中国坚持让美国同意中方的适航条例 25 部,这意味着相互之间的标准认可,那么 C919 就可以在国内审定取证。但是,美国绝不会同意中国的适航条例 25 部,这其中牵涉诸多因素,从航空市场竞争、政治博弈角度来说都是一个难题。美国和欧洲在民用航空制造领域发展多年,波音和空客占领了全球超过 90% 的客运机市场,适航证一方面确实是从质量安全角度对民用航空机型的把控,但更重要的已经成为对潜在竞争者的进入壁垒。航空市场自身所需要的资本和技术已经将大多数潜在竞争者拒之门外,只有寥寥几个大国有实力进行制造,而适航证则成为进一步的壁垒。其他国家即使生产出来客运机也必须按照他们的规则,没有适航证就没办法进入欧美市场。正所谓一流企业订标准,二流企业做品牌,三流企业做产品。制定规则是最高级的竞争策略,我们必须坚持自己的规则,也许短期无法获得对方的适航证,但长期来看,这是与现有的航空巨头竞争最重要和关键的一步。

不过目前来说,即使没有获取 FAA 认证,C919 仅依靠国内市场,也可以有很好的销量。国内有着数千架的单通道客机航空市场,而且波音和空客占据了其中的大部分,拿到这一部分市场份额,已经可以很好地打破垄断,扩展国产飞机份额。据空客公司预计,未来 20 年全球航空市场将需要 19 500 架单通道飞机,其中有 2 719 架将会交付给中国,占总量的 14%。所以,作为一个人口和地理大国,中国在航空市场方面占据了先天优势。在这一点上,C919 相较运十可谓生逢其时。

二、商业航天发展的进入壁垒及与军民融合关系分析

（一）商业航天是航天产业未来的发展方向

航天产品有着多重属性,可分为军用航天和民用航天。军用航天主要是用于国防安全,具有很强的公共产品属性,有明显的非竞争性和非排他性,也正因为如此,航天军工企业大多是国企,由政府投资进行研发生产。民用航天主要应用于民用领域,例如资源勘探、气象预测、卫星导航、空间探索等,这些活动除了面向民用之外,同样也是不以营利为目的的。与之相反的是商业航天,是完全以营利为目的,参与市场竞争的。

航天产业是中国高科技领域的代表性产业,具有高技术含量、高投资、高产业带动等特点,同时具备很高的准入壁垒。现如今"高大上"的航天产业渐渐地走入民间,开始由过去的国家包揽逐步向民营企业打开大门。在这个过程中,商业航天让传统的航天产业更多地应用于民用领域,让航天开始商业化。2018 年,我国第一颗私人卫星发射成功,这颗卫星与以往的发射目的完全不同,它完全是以娱乐和媒体为目的的,进而探索新的营利方式。

商业航天的发展目前呈现出三个趋势。第一,商业航天的经济规模越来越大。据预测,2020 年中国商业航天经济体量将达到 8 000 亿元,全球更是将超过 1.7 亿万元。全球航天经济总量的增加中大部分都是由商业航天贡献的,2015 年,全球航天经济总量达 3 353 亿美元,其中 76% 的份额为商业航天领域。近几年,随着国家大力推进军民融合深度发展和"互联网＋航天"产业的进一步升级,以长城为主力军的大型航天国有企业也开始陆续进入商业航天领域。第二,发射卫星的体量越来越小,发射成本越来越低,进入门槛也在降低,逐步往小卫星网方向发展。小卫星的特点就是成本低、研制周期短,针对以往航天产业高成本、高投入、高风险的特点而言非常有吸引力,而且,小卫星通过组网的方式也可以实现大卫星所能实现的功能。现在,参与商业航天的民营企业越来越多,民营企业在资本方面实力尚弱,故而小卫星就非常受欢迎。目前,小卫星最低已经可达到 100 公斤以下,许多高科技创业公司都以低成本小卫星来进行行业试水。第三,航天业越来越以市场需求为主,并且需求越来越个性化。相比过去以国家订单为主的需求市场,现在商业航天面临的需求越来越私人化,也越来越个性化,商业环境也激发了许多过去所不曾出现的需求,例如,教育培训业、娱乐业,甚至出现了个人太空旅游的业务。这些个

第五章
中国航空航天产业军民融合发展进入壁垒的历史及现状分析

性化需求的出现也吸引了大批的资本和企业进入航天领域,即使是传统的军工国企也开始走向市场,为客户量身定制服务。以航天科技集团所属中国长城工业集团有限公司为例,为了取得印尼的通信卫星订单,在竞标中不仅向客户提供高通量通信卫星,还包括发射服务、地面控制系统、保险和融资在内的一揽子产品服务和一体化解决方案。这种以客户个性化需求为导向的竞争方式将会越来越多地出现在航天产业的竞争中。

（二）商业航天发展的进入壁垒表现及消解

商业航天领域的进入壁垒主要针对的是民营企业,因为原有的国有军工企业已经具备了制造业的基础,发展商业航天更多的是扩展自己的业务范围,将航天产品应用于商用领域,故而民营企业的进入壁垒并不会对原有军工企业构成阻碍。当然,面对国际竞争时,军工企业也难免会遇到一些壁垒。接下来,就对商业航天领域存在的进入壁垒进行剖析。

1. 政策壁垒

航天一直都是国有企业在主导,国家管控严格,民营企业很难进入。而现在随着军民融合的不断深入,再加上世界上其他国家商用航天的不断发展,我国也慢慢地向商用领域敞开大门。不仅航天国企开始涉足商用领域,而且越来越多的民营企业如九天微星、华讯方舟等开始进入航天领域,还有更多民间资金投入至微小的商业航天模式,提供有限的数据采集服务。商业航天能够发展到如今的程度,最重要的是国家放松管制政策壁垒带来的。现在,发射一颗私人卫星只需要拥有能研发出符合技术标准卫星的专业团队,然后将卫星需要搭载的功能上报相应主管部门审批,再找到发射服务方付费安排火箭上的位置,最后在气象等因素都合适时,按计划完成发射。这在商业航天开始之前几乎是不可想象的。

2. 必要资本量壁垒

航天产业涉及的业务如卫星、火箭、遥感等领域都需要一个很长周期的超高的资本量投入,也正因为如此,民营企业从经济效益和资本量要求来说都无法进入,目前能够进入的民营企业也是以小卫星发射为主。小卫星具有造价低、研制周期短的特点,能够避免像北斗、东方红等大卫星如此高的资本要求,低成本的私人卫星使得现在商业航天吸引了民营企业和资本的进入。除了以小卫星组网来降低成本,现在资本市场发展得比较成熟,融资渠道也增加了很多。以九天微星为例,从2015年开始,其历经几轮融资,从百万级到千万级,积累了资本后开始进入微小卫星组网服务,到2017年已经出现了几千万的盈利,组建了将近百人的开发团队。而国外的 SpaceX 公司最开始能够进入航空领域的资本积累是靠其他行业来完成的,SpaceX 创始人在 paypal 和特斯拉电动车上的成功积累了足够大的资本才得以进入航天市场。可以看到,民营企业在参与商业航天方面尝试通过多种方式克服资金壁垒。

3. 技术壁垒

航天产业是人类技术领域的皇冠,几乎代表了整个人类技术的顶峰。很多国家在航天领域都投入巨大,以求取得突破。民营企业和资本很难进入,一方面是承担不起巨额资本,另一方面,在技术上毫无根基也就没办法进入。民营企业想要进入需要整合各方面资源。SpaceX 作为一个私人公司,聘请了许多原本服务于 NASA 的航天研发人员,其最核心的研发灵魂穆勒就是原本为 NASA 一个供应商研制火箭引擎的工程师。九天微星的技术人员是 2015 年在其成立之初从航天国企离开加入进来的,同时,它采用了"总设计+采购成熟产品"的方式来突破技术壁垒。其发射卫星则是与中国长城工业集团签署搭载发射协议,已经发射了一箭七星(7 颗卫星),进行物联网系统级试商用运营;于 2018 年两次发射 8 颗卫星并 100%在轨成功,现有多颗百公斤级卫星在研;2020 年前发射 60 余颗低轨卫星,完成物联网星座全球全覆盖组网。掌握关键技术,其他能够外包或者与其他企业合作的则尽量依托外来力量,是克服技术壁垒的一种方法。这其实也是我国军工企业商业航天发展的一种尝试,长城工业集团作为国企也不断在商业航天领域寻求新的业务,为民营企业打开了一条出路。

4. 规模经济壁垒

目前,我国国内约有三四十家从事卫星相关业务的民营企业,但真正能制造卫星的企业只有不到十家。每年国内发射的卫星当中有七成左右是政府主导或军用,制造业规模效应非常明显,对技术要求也极高。对民营企业来说,能够利用已有卫星,或者自己只负责组装,同时努力发展其他业务增加营收则是主流。不过,即使如此,前期高额的卫星成本支出也会导致规模经济壁垒,因为前期的投入为沉没成本,即使是小卫星组网也需要数十颗卫星才能形成规模。之后,随着规模的扩大,平均成本就会大大降低。虽然存在规模经济壁垒,但是,由于目前国内竞争者还比较少,所以前景非常好,前期投资者和企业并不会被规模经济壁垒所限制。九天卫星发射的一颗娱乐卫星的定位就是让大家更简单地接触到卫星和太空,用轻松娱乐的方式去接触外太空和地球。另外,该公司还在"航天与太空教育""太空娱乐""太空网络"三大板块进行布

第五章
中国航空航天产业军民融合发展进入壁垒的历史及现状分析

局。在规模经济壁垒方面,前期进入者占有先发优势,而后期的潜在竞争者则会被规模经济壁垒挡在门外。商业航天中的"国家队"在这方面则具有优势,航空制造业务一直是国企负责,现在发展的商业航天则是在原有基础上发展商业领域的新业务,几乎不存在规模经济壁垒。商业航天业务众多,随着市场需求的不断涌现,市场日益广阔。民营企业只有想办法开拓新市场,占据新市场的先发优势,避开与现有大的军工国企的直接竞争,而这也是克服规模经济壁垒的一种方法。从另一方面来说,航天产业的规模经济壁垒也限制了潜在竞争者的大量进入,产生无效率行为。这是规模经济壁垒自主发挥市场自配置作用的一种表现。

5. 产品差异化

目前在航天领域虽然有很多企业,但是这毕竟是一个新兴领域,并不像传统市场那样竞争激烈。国外的商业航天发展已久,而我国最近几十年刚开始发展,在商业航天领域慢慢追赶上来。在航天产业的制造和航天发射业务上,目前产品差异化并不明显,更多的是技术和成本上的竞争。从国际上来说,现在我国的航天卫星发射业务也逐渐发展到全球,长城工业集团以较低的价格和较高的发射成功率拥有较大优势。SpaceX 最新发射的猎鹰重型火箭在载重量上面已经远远超过了全球其他火箭发射企业,而且成本大大低于现有同级别火箭,其技术和成本优势足以占据市场,其他业务如利用航天产品提供的教育、娱乐等方面则是新开发领域。就国内市场而言,现在企业主要是随着市场需求的不断发展,寻找需求,满足需求,找到自己独特的产品定位。

(三) 商业航天与军民融合相互作用

1. 商业航天的发展是世界军民融合进程的一个显现

在早期的航天产业发展中,主要是以军用为导向的,从设计、研发、制造到最终应用,都是以军用标准来衡量。而后,随着二战的影响渐渐变弱,和平与发展成为主流,各国相继开始实施军民融合战略,商业航天才随之发展起来。商业航天的出现是市场新的需求引领的结果,一方面让传统的航天军工企业走向民用,另一方面也为民营企业进入航天领域提供了一个途径。航天产业由于主要承担军队和政府项目,始终与国民经济存在隔阂,这也使得航天科技在国民经济的发展中无法发挥其应有的带动作用和科技支撑作用,而商业航天的发展,使得传统的航天企业也开始"迎合"市场。航天科工在2016年成立了国家首家商业火箭公司——航天科工火箭技术有限公司,旨在为国内外客户提供卫星发射服务,还建立了基金会来发展商业航天产业。长征火箭现在已进入国际市场,为全球的卫星发射需求者提供发射服务,并且凭借着高品质的发射水平在国际市场上已经形成自己的品牌。

未来,航天科工还将以行云工程为依托,构建星载窄带全球移动物联网;以虹云工程为依托,构建星载宽带全球移动互联网,形成空间、临近空间、空中、地面四位一体的信息网络;以腾云工程为依托,形成航空航天往返飞行能力;以商业模式创新为载体,通过商业化的方式整合社会资源、国际资源,持续引领商业航天产业发展。商业航天的发展使得传统的航天国企也不断涉足民用领域,这在很大程度上加强了军民融合的脚步。

2. 商业航天让民间资本和企业有机会进入航天产业

过去,航天发射是政府主导和投资的。但如今,国家也在不断放开对商业航天领域的政策管制。2014年,国家鼓励民间资本研制、发射和运营商业遥感卫星,提供市场化、专业化服务。2015年,支持民间资本开展增值产品开发、运营服务和产业化推广。过去,航天产业高风险、高投入、长周期的特点使得民营资本望而却步,而现在巨大的商业前景吸引了越来越多的民间资本流入。

欧洲咨询公司研究认为,到2025年,商业航天市场价值将高达2 000亿美元。商业航天的市场前景引发了各路资本的争相进入。腾讯作为民营企业多次为太空科技公司Satellogic投资,2015年投资数百万美元,2017年又增加投资2 700万美元。航天商业化和民营化是未来的大趋势,也是航天产业大突破的一个绝好途径。

对于航天产业的高风险,在强大的商业前景面前,民营资本的承受力也在逐渐适应。目前,私人民营企业的资本投入渐渐取代了以往的国家投资,但是,民营资本如何继续在商业航天产业中有所作为,则需要进一步的成长与考量。

(四)关于中国以商业航天为契机发展军民融合的建议

(1)商业航天产业目前市场有限,民营企业与国有企业的市场重叠,而民营企业竞争力有限,只能以低成本来提供一些服务。目前,民营企业总体来说资本尚弱,当前最重要的是存活下来,暂时不足以与国企直接竞争,故而国家政策扶持、企业自身找准定位及商业模式都至关重要。

(2)小型卫星成本的下降可能会带来意想不到的市场需求和机遇。在过往几十年技术进步的过程中,无论是个人电脑、互联网、手机还是无人机,当成本大幅度下降后,总能激发出诸多不曾预料的社会需求,进而迸发出巨大商机。民营企业规模小、制度灵活,民营资本嗅觉灵敏,商业航天的这些未来可

第五章
中国航空航天产业军民融合发展进入壁垒的历史及现状分析

能性会引入大量的民间资本和人才,进一步促进军民融合。

(3)未来,无论是国企商业航天部门还是民企都应以挖掘需求为导向,以市场反应定胜负。商业航天归根结底是商业性质的,而任何商业的存在必须以需求为导向。以商业航天来促进军民融合,最关键的还是利用航天技术来满足广大人民在时代发展中出现的各种需求。

第三节 本章小结

在民参军的过程中,航空航天产业主要存在规模经济壁垒、必要资本量壁垒、技术壁垒、政策壁垒等。随着市场的不断成熟和国家改革的不断深化,政策壁垒作为民参军过程中最主要的壁垒,其重要性也在这其中不断降低,但依旧是一个重要的门槛。规模经济壁垒、必要资本量壁垒、技术壁垒是航空航天产业主要的三个市场性壁垒,这是受产业本身的特征所决定的。民参军的过程中,很多企业由于政策壁垒的存在而无法进入,但即使政策壁垒放宽,能够打破市场性壁垒的也是少数。

在军转民的过程中,产业面临的壁垒则随着所进入行业的不同有所区别。国内的军转民中很少遇到政策壁垒,但是参与国际竞争的过程中如 C919 则会遇到其他国家建立的政策壁垒。军工技术带来的领先优势在克服想要进入的民用产业壁垒方面也带有先天的优势,不过随着进入的民用产业更多地涉及新能源等高技术产业,技术壁垒也逐渐有所显现。规模经济壁垒和必要资本量壁垒在军转民的四代产品中随着产品的升级越来越重要,大部分军转民项目面临着与普通资本相同的门槛。信息不对称是现在军转民中一个亟待解决的问题,将需求和军方技术对接起来是克服壁垒的一个最直接的措施。为了继续推进军民融合深度发展,面对不同的进入壁垒采取不同的政策措施进行引导,有的放矢,才能最大限度地发挥军民融合战略对国防建设和经济建设的双重推动作用。

20世纪以来,我国的军民融合政策经历了"军民分离"(1949—1977年)、"军民结合"(1978—2006年)、"军民融合"(2007年至今)三个演变过程。军民融合的过程,也是打破壁垒,使军工产业和民用产业互通有无的过程。从20世纪军费下降、军品任务陡降而使军工产业"不得不"军转民,到现在为了实现经济建设和国防建设共同发展而不断推进的军民深度融合,国防工业和民用产业的进入壁垒在这个过程中不断显现和消解。军转民过程中,最重要的是市场壁垒的阻碍,包括民用产业的产品差异性、技术壁垒、规模经济壁垒、资本壁垒等。不过在实践中,军工企业利用技术领先的优势,再加上合理利用现在的政策资金,实现技术转化,军为民用,总体开展得比较顺利。目前,主要是市场需求的对接还需要进一步引导和明确。而在民参军的过程中,政策壁垒一直都存在着,也由于政策壁垒的存在,市场壁垒无从发挥作用。经过多年军民融合的推进,政府应着重进一步放开政策,简化民参军的政策壁垒。而政策壁垒的消解过程相对应的是市场壁垒开始慢慢显现。对于在位企业来说,长期的政策保护将潜在竞争企业挡在门外,一方面使得这些在位企业缺乏应对市场竞争的能力;另一方面,由于发展时间长、资本和技术积累优势明显,也具备相当的在位优势。民营资本和企业涌入后,在实现经济建设和国防建设共同发展的基础上也给在位企业一定的压力。从进入企业来说,主要存在资本和技术壁垒。无论是自主创新还是根据现有需求填补技术空白,或是利用现有领先的民用技术如信息技术进入都是一个突破技术壁垒的有效方法。另外,资金壁垒可以通过利用现有政策资金,汇集多种融资方式克服,或是从零配件等投资要求较小的方面进行突破。

在中国航空航天产业发展过程中,最开始主要是政策性壁垒主导,而市场性壁垒几乎不发挥作用,随着军民融合的不断推进,政策性壁垒不断降低,到现在则是以政策性壁垒为主而市场性壁垒为辅的状态。政策性壁垒对市场性壁垒有一定的替代效应,这种替代效应表现在内容和作用上。从内容上来说,政策性壁垒如目前"四证"的要求,本身包含了对进入企业生产能力、资本、技术等的要求,这从内容上替代了市场壁垒如技术壁垒、必要资本量壁垒等的要求;从作用上来说,由于政策壁垒的存在,市场壁垒作用大大减弱,也为寻租、效率低下、竞争不足增加了可能性。当一个企业存在政府关系时,它可能更容易通过政策性壁垒,而当它通过政策壁垒进入这个市场时,由于市场的竞争不足,导致它面临的市场壁垒被减弱了。也就是说,这些企业并不一定是市场上资本实力、技术实力最强的,但是这种政策壁垒对市场壁垒的替代作用让它进入了市场,而更强的企业却没有进入。

政府在促进军民融合深度发展的过程中,关于进入壁垒有两方面建议。第一,降低军民两个产业的进入壁垒。简化民参军资质审核,给予多种政策资金支持,建立平台和机构为技术转化提供双方交流。第二,利用军民两个产业的进入壁垒保障国防安全。长远来看,民营企业和民营资本一定会越来越深

第五章
中国航空航天产业军民融合发展进入壁垒的历史及现状分析

地加入国防工业。军工产业毕竟事关国防安全,装备质量安全和维修保障安全要求非常高。而且,国防工业属于自然垄断产业,一定的资本量才能达到效率最优,合理的规模也需要政策规制。资本流入方的资格认证也需要严格管理,在促进军民融合的基础上保障国防安全。引入民营资本但又不能过度引入引起资源浪费,这些问题可以通过合理利用进入壁垒来实现。

从 C919 和商业航天的案例分析中可以清晰看到,进入壁垒是如何在航空航天产业中发挥作用,影响产业发展的。下一章,将对中国航空航天产业军民融合发展的进入壁垒进行实证分析。

第六章 进入壁垒对中国航空航天产业发展影响的实证分析

中国航空航天产业的进入壁垒是由航空航天产业本身的几个重要影响因素和产业特征所决定的。当航空航天产业的这几个因素如人力资源、技术及资本无法得到自由流动形成有效配置,或是进入企业无法达到产业对因素的要求,就产生了进入壁垒。航空航天产业发展的影响因素与进入壁垒之间有着直接的关系。因此,本章第一节分析中国航空航天产业发展的几个重要影响因素,如政府规制、人力资源、资本、技术、宏观环境,通过经验性分析和实证分析来研究这些影响因素对产业发展的贡献。第二节则研究军民融合政策的不断推进所代表的政策壁垒不断降低的过程对产业发展的影响。

第一节 中国航空航天产业发展影响因素研究

一、中国航空航天产业发展影响因素的经验性分析

产业发展的影响因素既有宏观方面的,也有微观方面的,包括政治、社会、心理、市场、自然环境等多个方面,如政策、战争、人口、技术、投资、市场、自然等多方面因素。产业不同,影响因素的主次重要性差异也很大。就航空航天业发展而言,宏观军事安全的需要、产业投资、科技研发、人力资源、政策等都是非常重要的影响因素。

(一) 宏观环境

现在,全球虽然是以和平与发展为主题,但是局部的紧张态势常有发生。中国面临着严峻的周边政治形势和复杂多变的外部军事环境,中国航空航天产业与国防安全密切相关,军用航空航天主要目的是保障国防安全。为了保障中国和平稳定向前发展,中国需要强大的国防和军事力量,其发展也对国防安全有重要的意义。中国航空航天产业中军用的一大部分订单和国家资本投

第六章

进入壁垒对中国航空航天产业发展影响的实证分析

入都与每年的军费支出息息相关。以 1995—2016 年的数据为例,航空航天器制造业总产值与国家军费开支的相关系数高达 0.993,尤其是进入 21 世纪以来,航空航天力量成为平衡大国关系的重要筹码。因此,我国复杂的宏观军事安全的战略需求是我国航空航天产业发展的重要原因,另一方面也是国防工业发展的重要组成内容。我国有周边 14 个陆上邻国、8 个海上邻国,美国并不与我们相邻,但其包括亚太再平衡政策在内的许多政策都严重影响中国的周边国家,进而对中国和周边国家的关系造成影响,南海争端、钓鱼岛、南千岛群岛等事件频发。这些周边国家的安全形势对我国的军费支出有着直接的影响,构成航空航天产业发展的宏观环境。

(二) 政府规制

中国航空航天产业一直属于国家严格管制的行业,大部分航空航天企业均为国企。事实上,世界各国政府对于航空航天领域都有着不同程度的管制。巴西航空工业公司成立于 1970 年,是一家政府拥有的公司;意大利政府继续拥有莱昂纳多约 30% 的股份;印度的 HAL 是由政府直接拥有的。除了限制进入之外,各国政府均对航空航天领域的企业进行多方面扶持,为航空航天提供有力的经济环境。一种扶持方法是通过建设基础设施,例如,亚拉巴马州对空中客车的支持包括道路建设以支持新设施,新加坡也投入巨资在 Selatar 机场开发综合航空航天工业园区,以吸引国际航空制造商。基础设施支持还可以包括劳动力培训,这些举措通常可以受益数十年。另一种扶持方法是支持创新,促进或资助研发活动,以促进技术进步或改善新技术。英国政府与行业合作伙伴合作建立了一系列制造研究中心,并于 2012 年宣布了一项 8 000 万英镑的计划,以"确保英国处于先进制造业的前沿……尤其是在航空领域"。

中国的十二大军工集团中有四个属于航空航天产业,这四个军工集团涉及航空航天产业的大部分业务。2015 年,航空航天产业国有及国有控股企业资产占全部企业的比率高达 86.68%,2010 年更是高达 92.70%。民营企业进入航空航天产业的政策门槛非常高。一直以来,国家都严格控制军工产品的准入制度,民营企业除了一些下游零部件产品,是不允许涉足军工领域的。这其中,航空航天产业更是如此。现在,随着军民融合的深入推进,国家渐渐放开管制,但是民营企业想要获得武器装备生产资质,还是需要获得"四证"。对于大多数民营厂商来说,依旧存在很高的门槛。这种制度门槛,一方面,对于民营企业来说,想进而不得进;另一方面,对于国有军工企业来说,长期处于这种缺乏竞争、受国家管制和保护的环境,低效率和体制僵化的缺点就不可避免。未来,持续推进军民融合制度,深化垄断行业改革是大势所趋,政策壁垒会从小范围的消失扩展到所有竞争领域的壁垒消失。这对于民营企业的发展和进入军工行业是一个非常好的机遇。

(三) 人力资源

任何一个高技术密集型产业的核心竞争力均体现在人才的竞争,航空航天制造业是跨学科、跨领域、多专业的高技术密集型产业,人才的培养必不可少。技术研发最根本的原动力来自人力的投入,相比其他工业而言,其对研发人员的需求更高。我国航空航天产业之所以能够在中华人民共和国成立之初百废待兴的时候开始起步,也是由于许多国内的科学家和在国外学习多年专业知识的技术人员归国投身于航空航天事业。即使是现在,能够进入中国航空航天企业的人才,无论从学历、技术还是实践经验水平,都比其他民用产业的人才要求更高。

在 2015 年的一项调查中,来自欧洲、中东和非洲国家的 32% 的雇主和 83% 的日本公司表示,由于缺乏合格的人才,特别是技术人员、技术熟练的贸易工人和工程师,人才补充工作难度很大(万宝盛华集团 2015 年人才短缺调查)。过去的 MGI 研究突出了世界各地高技能工人的潜在短缺和技能不足者的潜在供应过剩。2015 年,技术人员、技术工人和工程师排名前十位最难填补的工作中有三个与知识密集型制造业如航空航天直接相关。在巴西、中国和印度,到 2030 年,知识密集型制造业的快速增长预计会造成高技能工程师和中级技术人员的短缺。另外,老龄化也是一个重要问题。美国工人年龄平均数为 42 岁,但在航空航天工业则接近 48 岁(美国劳工统计局),超过 25% 的美国航空业工人年龄超过 55 岁,许多人可能在未来十年内退休,45—55 岁年龄组的工人所占比例提高到接近 55%。许多公司也面临着招聘、培养和留住顶尖人才的挑战(Strube,2017)。

从图 6.1 可以看到,中国航空航天器及设备制造业从业人员自 1995 年的 59.07 万人开始短暂上升后就逐渐下降,一直到 2004 年的 24.78 万人。后来逐渐增多,到 2015 年为 38.7 万人。对于航空航天器制造业来说,从业人员的个人素质比数量更为重要,前期虽然从业人员数量不断降低,但是相应的人员素质水平提高了,则有效劳动也是增加的。

对于技术密集型行业来说,高技术人员是最基本的生产力。没有相应的技术人员则完全没办法掌握相应的技术,进而面对在位企业则毫无竞争力。现在的航空航天器制造业企业的专利技术都要靠人来实现,许多技术转移,除

第六章
进入壁垒对中国航空航天产业发展影响的实证分析

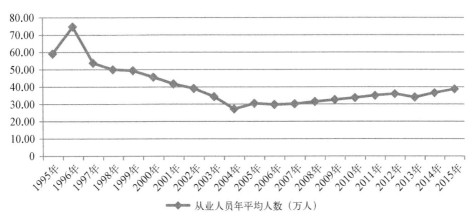

图 6.1 1995—2015 年中国航空航天器及设备制造业从业人员年平均人数

了专利的转移,最关键是人的移动。目前,国内大学开设航空航天类通用专业的不多,且专业培养模式不能满足实践需要,高素质人才严重缺乏,行业人才需要得不到满足,许多企业难以在短期内建立起强有力的稳定的科研创新队伍。

（四）资本

中国航空航天产业又是一个高资本需求的行业。无论是大飞机的研发制造,还是卫星的设计、发射,都需要长时间、持续地投入巨额资金,并且在数十年都没有收益。对于一般企业来说,理性人的最大化收益选择决定了大多数企业不会选择进入这个行业。也正因为如此,大部分国家的航空航天产业都是由政府扶持,或者由政府出资。

目前,资金方面的行业壁垒慢慢有所降低,有以下三个原因。一是由于中国民营资本力量的不断增强。市场经济发展几十年来,中国的民营资本发展得越来越成熟,也有许多大的民营企业具备了能够进入航空航天领域的资本实力,在这种情况下,以往可能只有政府具备的投资能力现在一些大的投资主体也能实现。二是随着市场的发展,越来越多的市场需求被开发出来。例如,商业航天的发展中就有很多民营企业加入进来,这主要是因为以往的航空航天产业市场需求比较单一,大多数民营企业没有能力满足,而现在中小卫星成为大趋势,也是市场需求所带动的。这也为民营企业的参与提供了机会。三是资本市场成熟度越来越高。现在的资本市场效率越来越高,为企业拓宽了外部融资渠道,改变了其原来单纯依赖银行贷款和财政拨款的局面,在一定程度上降低了企业的负债率,有利推动了产业结构调整,促进了国有资产的保值增值,并为民营企业的发展提供了广阔的空间。

(五) 技术

中国航空航天产业属于高技术产业,是一个技术密集型行业。无论投入的资金或人力资源有多少,最终能否在技术水平上有所突破成为决定性因素。中国航空航天产业与其他大国的差距,从根本上来说是技术水平的差距。在中国航空航天产业发展的早期,我们在技术上远远落后于俄罗斯、美国,需要从各种渠道进行研究,一点点摸索研究他们的技术,直到第三代战斗机"歼10"飞机的研制成功。这是由中国自行研制,具有自主知识产权,具有高性能、多用途的属性的飞机,它的研制成功实现了中国军用飞机从第二代向第三代的历史性跨越,也标志着中国进入自主研制国际先进战斗机型的行列,"歼10"飞机工程也由此在2006年获得国家科技进步特等奖。2017年,C919大飞机的试飞成功,标志着我们终于有了自己生产的大飞机。中国航空航天产业的发展历程就是一点点摆脱对西方大国技术依赖的过程,也是不断赶超的过程。对中国航空航天产业的企业来说也是如此,能否在技术上领先于其他企业是整个企业能否生存下去的基础,也是能否进入这个行业的一个关键点。很多民营企业无法进入中国航空航天产业的最大障碍也是技术上达不到要求,或是由于无法获取技术专利。

而从战争的角度来看,技术更是能够决定战争成败的决定因素。例如,2011年,美军成功击毙本·拉登,取得了"9·11"以来反恐战争的重大成果,轰动全球。为了发现和抓捕本·拉登,除了动用传统的人工情报组织外,美国采用了大量高科技情报和卫星应用装备及技术,在此次行动中发挥了重要作用。在军事作战方面,技术发挥的作用已经远远超过了人力所及的范围。

在市场领域也是如此,随着市场需求的不断升级,也催动了技术的一次又一次升级,航空航天产业更是如此,技术上的领先优势是压倒一切的。SpaceX最新发射成功的猎鹰重型,只需要两次发射就可以满足人工登月计划的运载需求。而自从20世纪美国和苏联的登月之后再也没有国家能够完成登月,即使是美国也随着之前火箭的老化而慢慢丧失了人工登月的能力。这次猎鹰重型的发射成功所代表的美国航天技术的发展更是给我国航空人很大的压力。商业航天的蓬勃发展是由不断出现的市场需求所推动的,由不断发展的航天技术来满足。

第六章

进入壁垒对中国航空航天产业发展影响的实证分析

中国航空航天工业近几年来企业数量不断增加,生产规模不断扩大,但是,技术创新能力和科研转换能力依然不足。在长期的计划经济体制下,中国航空航天设备制造行业形成了企业和科研机构分离的局面。科研单位大多属于政府部门或事业单位,研究经费依赖国家拨款,成果多但能够转化为实际生产力的却很少。尽管不少企业也建立了相应的研发机构,但是技术创新能力仍显不足。

二、中国航空航天产业发展的宏观环境因素的实证分析

航空航天领域安全是国防安全的重要组成部分,我国的南海争端、钓鱼岛争端等都与我国海上领土的航空航天领域安全有着直接的关系,而航空航天产业是我国航空航天领域国防安全的重要产业支撑。因此,周边安全形势是中国航空航天产业发展的一个重要宏观环境因素。为了研究这一影响因素,本部分内容从周边十几个国家的军费开支和我国的军费开支之间的关系入手,研究周边安全形势与我国军费开支的影响关系。

刘志刚、李大光(2012)研究发现,我国周边邻国争相增加国防开支,导致亚太军费开支即将超过欧洲,并促使美国将防务资源重新投向这一地区。曾立、朱博、张允壮、胡庆元(2007)从我国军事需求的局部均衡和军费关联分析入手,以我国的军费开支为因变量,我国的GDP、日本和印度军费开支的总和、俄罗斯和巴基斯坦军费开支的总和为自变量,用1990—2004年斯德哥尔摩国际和平研究所发布的各国军费数据进行回归,根据回归结果分别分析本国GDP、友好国家和非友好国家的军费开支对我国军费开支的影响。由于斯德哥尔摩国际和平研究所的军费数据来源尚未更新,所以下面实证的数据只显示到2014年。

(一) 1990—2014年我国军费开支情况

斯德哥尔摩国际和平研究所世界军费数据库的数据显示(如图6.2所示),1990—2014年,我国的军费开支从102.44亿美元增加到2 163.71亿美元,年均增长13.55%。

我国军费开支占GDP的比重(如图6.3所示)在1992—1997年呈下降趋势,1998年以后呈上升趋势,2002—2014年基本稳定在2%左右。1990—2014年,我国军费开支占财政支出的比重总体呈下降趋势,除1991年和1992年略有上升外,其他年份皆呈现出逐年下降的势头,2014年军费开支占财政支出的

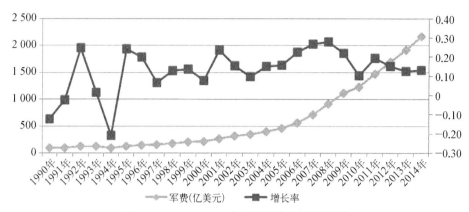

图 6.2　1990—2014 年我国军费开支的增长

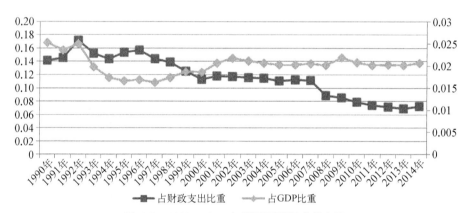

图 6.3　1990—2014 年我国军费开支的占比

比重为 7.27%。

(二) 周边安全形势对我国军费开支影响的模型建立

1. 模型及结果

主成分分析是考察多个变量之间相关性的一种多元统计方法,研究如何通过少数几个主成分来揭示多个变量之间的内部结构。我国周边十几个国家和我国台湾地区军费开支的波动状况直观地反映着我国安全形势的变化,故笔者拟从我国周边国家和我国台湾地区军费变量中导出少数几个主成分来考察我国周边国家和我国台湾地区军费波动的情况。因为美国在军事上对亚洲国家的影响很大,所以将美国也考虑在内。

设第 k 个主成分的方差占总方差的比例为 p_k,则有

第六章
进入壁垒对中国航空航天产业发展影响的实证分析

$$p_k = \frac{\lambda_k}{\sum_{i=1}^{p} \lambda_i}$$

为了检验数据是否适宜主成分分析,特进行 KMO 统计量与 Bartlett 球形检验,结果表明 KMO=0.776>0.5,Bartlett 检验统计量对应的显著性概率为 0.000,适宜进行因子分析。

运用 SPSS 对估计样本数据进行主成分分析,计算各主成分的特征值和贡献率,结果如表 6.1 所示。

表 6.1 主成分特征值与贡献率

成分	初始特征值			提取平方和载入			旋转平方和载入		
	合计	方差的百分比(%)	累积百分比(%)	合计	方差的百分比(%)	累积百分比(%)	合计	方差的百分比(%)	累积百分比(%)
1	9.751	75.006	75.006	9.751	75.006	75.006	8.714	67.030	67.030
2	1.294	9.955	84.961	1.294	9.955	84.961	2.295	17.653	84.683
3	1.164	8.951	93.912	1.164	8.951	93.912	1.200	9.229	93.912
4	0.448	3.444	97.356						
5	0.140	1.073	98.429						
6	0.079	0.605	99.034						
7	0.063	0.483	99.516						
8	0.030	0.232	99.749						
9	0.013	0.104	99.852						
10	0.009	0.066	99.919						
11	0.007	0.057	99.975						
12	0.003	0.021	99.997						
13	0.000	0.003	100.000						

方差大于 1 的为主成分。提取前 3 个,其总方差的累计解释比例高达 93.912%;并且,第一个主成分方差为 9.751,第二个主成分方差为 1.294,第三个主成分方差为 1.164。根据表 6.2 中主成分 1、2、3 的荷载可以看出,第一主成分在美国、韩国、印度、巴基斯坦、尼泊尔、马来西亚、菲律宾、澳大利亚、越南的军费数额上有较大荷载。第二主成分在日本的军费数额上有较大荷载,

第三主成分在我国台湾地区的军费数额上有较大荷载。

2. 研究结果分析

表 6.2 中因式 F1 表明,美国及其友好国在我国周边的十几个国家或地区中影响最大。同时,因式 F1 还表明,印度在我国周边安全态势中的影响也不可小视,因为其荷载高达 0.985。因式 F2 表明,日本军费开支的荷载也比较大,对我国周边安全形势也起着举足轻重的作用。因式 F3 表明,我国台湾地区的军费开支状况对我国安全形势的影响也比较大,也是决定我国军费开支增减的重要因素之一。

表 6.2 因子荷载矩阵

国家或地区	成 分		
	1	2	3
美 国	0.939	−0.019	−0.272
日 本	0.723	0.573	−0.160
俄罗斯	0.431	−0.728	0.263
韩 国	0.978	0.044	−0.037
中国台湾	0.019	0.473	0.867
越 南	0.979	−0.064	0.062
印 度	0.985	−0.010	−0.089
巴基斯坦	0.984	0.011	0.085
蒙 古	0.735	−0.414	0.371
尼泊尔	0.984	−0.031	−0.148
马来西亚	0.961	0.118	−0.091
菲律宾	0.944	0.137	0.233
澳大利亚	0.993	0.019	−0.039

(三)周边安全形势对我国军费开支影响的回归结果及分析

从上文的分析结果中可以看到,在我国周边十几个国家和我国台湾地区中,美国及其友好国和我国友好国的军费开支对我国军费开支的影响最大,其次是日本,再次是中国台湾。下面就用移动平均自回归方法来分析这三个影响因素对我国军费的影响。由于军费开支受 GDP 的影响较大,故在模型中加入我国的 GDP,并以其为自变量。

1. 模型回归及结果

以我国的军费开支(China)为因变量,我国的 GDP(cgdp)、美国及其友好国军费开支的总和(ausa)、中国友好国军费开支的总和(nusa)为自变量,进行 AR(1)回归。其中,美国及其友好国军费开支的总和(ausa)为美国、印度、韩国、马来西亚、菲律宾、澳大利亚、越南的军费之和,中国友好国军费开支的总和(nusa)为尼泊尔、巴基斯坦、蒙古、俄罗斯的军费之和。回归结果如下。

$$\ln China = -9.6 + 0.99\ln cgdp + 0.74\ln ausa - 0.13\ln nusa + u,$$
【AR(1)=0.64】 (1)
$$\quad\quad\quad\quad 3.42^{***}\quad 5.33^{***}\quad\quad\quad 2.16^{**}\quad\quad 1.82^{*}$$
$A-R^2=0.98 \quad F=540.56 \quad DW=1.90$

以我国的军费开支(China)为因变量,我国的 GDP(cgdp)、日本的军费开支(japanf)为自变量,进行 AR(1)回归,该模型使用了两阶段法,结果如下。

$$\ln China = -25.99 + 0.95\ln cgdp + 2.35\ln japanf + u,$$
【AR(1)=0.64,Tsls】 (2)
$$\quad\quad\quad\quad 2.47^{**}\quad\quad 5.50^{***}\quad\quad 2.06^{*}$$
$A-R^2=0.98 \quad F=643.69 \quad DW=1.69$

以我国的军费开支(China)为因变量,我国的 GDP(cgdp)、我国台湾地区的军费开支(taiwan)、美国的军费开支(usa)为自变量,进行 AR(1)回归,结果如下。

$$\ln China = -13.44 + 0.91\ln cgdp + 0.56\ln taiwan + 0.63\ln usa + u,$$
【AR(1)=0.42, MA(1)=0.9】, (3)
$$\quad\quad\quad\quad 2.73^{**}\quad 5.75^{***}\quad\quad\quad 2.01^{*}\quad\quad 1.45$$
$A-R^2=0.98 \quad F=395.39 \quad DW=2.35$

2. 模型回归结果分析

美国作为当今世界唯一的超级大国,其影响力是其他国家难以企及的,其在亚太地区的影响力更是不容小觑,而美国的态度会影响韩国、日本、菲律宾等我国周边许多国家的国防政策。可以看到,在模型(1)中,美国及其友好国的影响系数为 0.74,我国友好国的影响系数为 -0.13。通过系数的对比可以看出,我国的军费开支受到美国及其友好国的正向影响,这也反映了我国对其军事上的重视。而我国友好国对我国军费开支的影响为负,这说明友好国对我国存在军费溢出效应,这也从一定程度上减少了我国的军费开支。我国周边紧张局势的形成背后总伴随着美国的身影。美国认为,我国是其最大的潜在对手,未来会对其全球霸权形成挑战,故而对我国的遏制政策短期内不会改变,更不可能减弱。比如,由于美国的干预,南海问题不断发酵,大有愈演愈烈之势,对我国周边安全形成了严重威胁,对我国解决南海岛礁争端也产生了极为不利的影响。印度和美国是准军事同盟关系,在遏制我国方面两者步调一致,加上历史遗留的中印边界问题,对两国友好关系的发展是一个重要的制约因素。我国周边美国及其友好国对我国军费开支的影响高达 0.74,而我国友好国对我国军费开支的影响则仅为－0.13,可见两者极不平衡,前者要远远大于后者。不过,近几年来,美国、北约和欧盟在军事、经济上与俄罗斯冲突不断,尤其是乌克兰问题使俄罗斯与美欧关系不断恶化,最近双方在叙利亚问题上的角力,有可能使危机进一步升级。基于此,俄罗斯开始实施东向发展战略,与我国等亚洲国家的合作关系不断升温,战略合作的空间越来越大、意向越来越强。

在模型(2)中,日本军费的影响系数为 2.35,这表明我国的军费开支是随着日本军费开支的增加而增加的。中日两国由于历史认知问题、钓鱼岛领土争端问题以及其他一些悬而未决的问题,关系一直比较紧张,近来中日韩领导人会议的召开,使两国关系有所改善,但我国的军费开支依然会随着日本军事威胁的增加而增加。在模型(3)中我国台湾地区军费开支的影响系数为 0.56,这表明我国台湾地区的军费开支状况对我国军费开支的影响也很大,也是决定我国军费开支增减的重要因素之一。

(四) 小结

我国周边安全形势错综复杂,各种利益关系和历史遗留问题相互交织。本章节以计量方法提炼出对我国军费开支影响最大的三个要素。一是美国、印度、韩国、马来西亚、菲律宾、越南等国对我国周边安全威胁最大,而尼泊尔、巴基斯坦、蒙古、俄罗斯等国则对我国安全存在正向溢出效应,但是两者权衡,前者的作用要远远大于后者。二是日本对我国周边安全威胁仅次于前者。三是我国台湾地区对我国安全威胁又次于日本。当前,中东在美国的战略布局中地位有所下降,即便中东当前局势更趋复杂、恶化,美国也无意改变现行中东战略,依然会把战略重心放在"亚太再平衡"上。所以,基于复杂的国家宏观安全形势,为了保障中国和平稳定发展,加强国防和军事力量建设尤其是具有中流砥柱地位的航空航天业是必需的。进入 21 世纪之后,世界航空航天领域的军事战略地位日益凸显,美国、西欧各国、日本等强国以及印度等发展中国

第六章
进入壁垒对中国航空航天产业发展影响的实证分析

家都纷纷将航空航天作为军事战略领域,持续加大投入。从军事角度上讲,空战在现代战争中已经占据主导地位。航空航天产业的发展对我国国防安全有着重要的意义,直接影响我国国家安全和国防力量。同时,航空航天产业属于战略性先导产业,其发展水平在经济角度上代表着一个国家制造业的生产力。因此,我国相继出台了一系列鼓励航空航天业发展的配套政策。

三、中国航空航天产业发展影响因素贡献实证分析——以中国航空航天器及设备制造业为例

中国航空航天器制造业是航空航天产业发展关键的一部分,从数据来源的可获得性和完整性考虑,接下来的实证研究均以中国航空航天器制造业的数据来进行分析。为了比较分析不同省市自治区航空航天产业的发展情况,同时考虑数据的完整性,本章节以21个省、市、自治区为研究样本,包括天津、北京、辽宁、黑龙江、江苏、江西、河北、山西、内蒙古、吉林、上海、浙江、安徽、福建、山东、河南、湖北、湖南、广东、广西、重庆。根据历年《中国高技术产业统计年鉴》的主营业务、投资额、从业人员、R&D内部经费数据,对这些地区中国航空航天产业发展的总体情况进行分析。

(一) 中国21个省市自治区航空航天产业总体情况

图6.4反映的是1996—2016年中国21个省市自治区航空航天产业每年增长率与对应年份的产值。改革开放以来,中国航空航天产业发展迅速。数

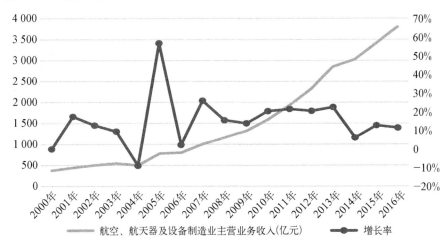

图6.4 1996—2016年中国21个省市自治区航空航天产业主营业务与增长率

据显示,1995—2016 年,中国 21 个省市自治区航空航天业主营业务从 1995 年的 262.49 亿元增加到 2016 年的 3 801.67 亿元,年均增长 16.2%。同时,利润也从 1995 年的 2.1 亿元增加到 2016 年的 224.39 亿元。

$$\log \hat{Y} = 5.07 + 0.53 \log X_1 - 0.28 \log X_2 + 0.21 \log X_3$$
$$\quad\quad\quad\quad 2.51^{**} \quad\quad 5.02^{***} \quad\quad -2.58^{**} \quad\quad 2.18^{**}$$
$$R^2 = 0.89 \quad \tilde{R}^2 = 0.86 \quad DW = 1.87 \quad F = 39.36$$

以航空航天业主营业务产值为因变量,以固定资产投资额(X_1)、从业人数(X_2)和 R&D 内部经费(X_3)为因变量,利用 CD 生产函数对其进行回归。结果显示,投资额的系数较大,为 0.53;研发投入的系数次之,为 0.21;从业人数的系数最小,为 -0.28。这表明,中国航空航天业投资每增长 1%,主营业务产值就增加 0.53%。而从业人员 1995 年从 59 万人增加到 74 万人后,便逐年下降,2004 年甚至下降到 27 万人,近几年基本稳定在 32 万人左右。模型表明,从业人员减少对中国航空航天产业的发展反而有利,主要是由于科技的发展和从业人员技术水平与素质的提高,即有效劳动的增加。

从图 6.5 也可以看出,从业人数的下降并未导致从业人数对航空航天产业主营业务产值方差的贡献减少,反而越来越大(如图 6.5 左图所示)。研发投入对航空航天产业主营业务产值方差的贡献比较稳定,大约在 20%(如图 6.5 中图所示)。投资对航空航天产业主营业务产值方差的贡献在前两期较大,之后逐步下降,6 期后则逐渐增加(如图 6.5 右图所示)。

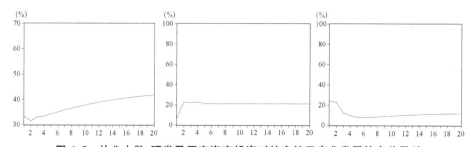

图 6.5　从业人数、研发及固定资产投资对航空航天产业发展的方差贡献

(二) 中国 21 个省市自治区航空航天产业发展比较

1. 21 个省市自治区主营业务产值聚类分析

为了说明哪些省市自治区更有相似性,特运用聚类分析法对 21 个省市自

治区的主营业务进行归类。聚类分析法,主要有两种,一种是"快速聚类分析法"(K-Means Cluster Analysis),另一种是"层次聚类分析法"(Hierarchical Cluster Analysis)。本章节的数据不多,故而用"层次聚类分析方法",使用平均连接计算分析得出的结果如图6.6所示。第一类为天津,第二类为北京、辽宁、黑龙江、江苏、江西,第三类为河北、山西、内蒙古、吉林、上海、浙江、安徽、福建、山东、河南、湖北、湖南、广东、广西、重庆。

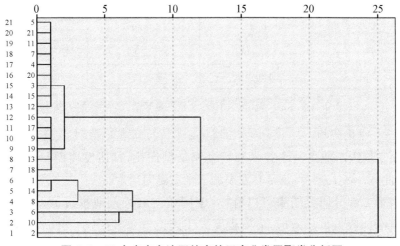

图6.6 21个省市自治区航空航天产业发展聚类分析图

1——北京,2——天津,3——河北,4——山西,5——内蒙古,6——辽宁,7——吉林,8——黑龙江,9——上海,10——江苏,11——浙江,12——安徽,13——福建,14——江西,15——山东,16——河南,17——湖北,18——湖南,19——广东,20——广西,21——重庆

2. 不同类别地区航空航天产业发展比较

航空航天产业生产影响因素繁多,有从业人员、资本、政策、固定资产、科技、资源等。根据聚类分析的结果,在考虑数据完整性的条件下,为了比较不同类别地区航空航天产业的发展,采用人力资源、固定投资和研发经费三个最重要的影响因素作为自变量,主营业务产值代表产出分析,采用科布-道格拉斯模型来进行研究,分别建立面板计量模型。第一类为天津,只需建立时间序列CD函数模型;第二类有5个省份,根据豪斯曼检验结果建立随机效应面板模型;第三类有15个省份,根据豪斯曼检验结果建立固定效应面板模型。计量结果如表6.3所示。

表 6.3 航空航天产业发展不同类别地区比较

类 别	第一类	第二类	第三类
C	−13.13(−4.41***)	−1.18(−1.63*)	10.21(21.78***)
TZ	0.39(2.25**)	0.27(4.89***)	0.21(10.09***)
L	1.60(3.97**)	0.25(3.41***)	1.23(25.42***)
RD	0.24(1.31)	0.23(6.85***)	0.24(25.42***)
R^2	0.86	0.70	0.95
$Aj-R^2$	0.82	0.69	0.94
F	22.49	55.03	230.85
模型	时间序列	随机效应	固定效应

注：***、**、*分别表示在1%、5%、10%水平下显著。

(三) 结果分析

航空航天产业是一个技术和资金密集型产业,其研发周期长、资金需求大,因此,资本、人才、科技是其发展的三个重要因素。

由第二部分研究结果可以看出,中国航空航天产业投资额对于产业的发展具有比较大的正效应,影响程度大于人力资源和研发。并且,随着投资额的增加,投资对于航空航天产业主营业务产值的贡献在第6期(见图6.5)后越来越大,说明投资对于产业的积极作用是不断增加的。从业人数对航空航天产业则具有轻度负作用,即从业人数减少反而会使产出增加,这主要是因为随着技术的发展,有效劳动在增加,故而人员减少反而会带来轻度正面的影响。同时,这种从业人员减少所带来的产出的增加其作用是递增的。研发对产出具有正面的促进作用,并且这种促进作用会保持在一个稳定的水平。

由第三部分研究结果可以看出,1995—2016年,航空航天产业进展显著,投资拉动作用明显。在聚类与标准差分析后,根据发展程度将21个省市自治区划分为三类,第一类为天津,第二类为北京、辽宁、黑龙江、江苏、江西,第三类为河北、山西、内蒙古、吉林、上海、浙江、安徽、福建、山东、河南、湖北、湖南、广东、广西、重庆。从CD模型的各个指标判断,模型比较理想,反映了1999年以来航空航天产业发展的基本情况。第一类天津,投资额的贡献比较大,但是从业人员的贡献度大大超过了投资及研发的贡献度。在天津,不但投资额从

第六章
进入壁垒对中国航空航天产业发展影响的实证分析

1995年的0.15亿元增长到2016年的445.2亿元,而且从业人员也从原来的1500多人增加到2万多人。天津地区航空航天产业从业人员的迅速增加对其产出贡献度最大,系数为1.6;其次是资本,系数为0.39;最小的是技术,系数为0.23。天津的航空航天产业在21个省市自治区中发展最为迅速。第二类的5个省份,资本、从业人员、技术三个影响因素的系数差别不大,分别为0.27、0.25、0.23,资本的贡献度稍微超过从业人员及技术的贡献度。第二类的5个省份从业人员数量在1999—2016年先下降,后微升,总体还是略有下降,变动不大;第三类15个省份,从业人员的贡献度也大大超过了资本及技术的贡献度,系数分别为1.23、0.21、0.24。而第三类从业人员数量的均值在1999—2016年也经历了先下降后上升,总体来讲略有下降。从三个类别来看,技术投入对各个类别航空航天产业发展的贡献度相似,也与1995—2016年全国时间序列回归模型的研发投入贡献相近。不同的是,全国时间序列回归模型人员贡献的系数为负,而1999—2016年面板模型人员系数为正,体现了1999年以来从业人员对航空航天产业发展的贡献是不同的,即1995—2016年从业人员减少带来的负作用要小于技术进步所产生的有效劳动带来的正作用,故而从业人员减少对产出的影响反而为正。1999年之后,从业人员减少带来的负作用由技术进步部分抵消,但负作用要大于有效劳动增加带来的正效应,故而从业人员减少带来的整体影响为负。

由于中国各个省份的航空航天业发展差异较大,故而采用分省面板模型分析结果。由以上研究可以发现,航空航天产业的发展中,从业人员的贡献度最大,其次是资本的贡献度,技术的贡献度比较稳定。对此,中国应该首先重视航空航天产业的高科技人才,从业人员的下降会影响整个产业的发展,不断增加人才是继续推动产业发展的重要手段;在增加人员同时,也要提高人员的教育水平,汇聚前沿人才,这样人力资源的增加会更有效率;另外,资本和技术也缺一不可。本章节中没有考虑到的政策、资源以及对其他产业的外部性,在下文的研究中还会拓展。

第二节 政策壁垒对航空航天产业发展影响的实证分析
——以中国航空航天器及设备制造业为例

中国航空航天产业的发展影响因素中包含宏观环境、政策、人力资源、技术、资本等,这几个影响因素与进入壁垒之间有着直接的关系。上一节研究了宏观环境、人力资源、技术和资本等发展情况和对产业发展的贡献,这一节将研究进入壁垒对产业发展的影响。然而,中国航空航天产业的进入壁垒,包括政策壁垒、必要资本量壁垒、技术壁垒、规模经济壁垒等,在军民融合的过程中,政策性壁垒的变动可以以一定的指标来进行衡量,而市场性壁垒从数据上还暂时无法进行衡量。因此,本节主要考虑军民融合政策不断推进过程中中国航空航天产业政策壁垒不断降低的过程,将军民融合政策用其他指标来替代表示,加入影响因素,用模型计量手段分析政策壁垒的不断下降对产业发展的影响。

一、政策壁垒变动的指标选取

随着军民融合的不断深入,政府陆续出台了政策鼓励民营企业和资本进入国防工业领域。民营企业面对航空航天产业的政策壁垒越来越宽松,因此,越来越多的民营企业和资本加入进来,中国航空航天产业的不同类型企业的比例也在发生着变化。接下来,以中国航空航天器设备及制造业数据来进行分析。图6.7和图6.8分别为1995—2016年中国航空航天器制造业主营业务收入以及国有企业主营业务收入和占比,中国航空航天器制造业企业数量以及国有企业数量和占比,数据来源为《中国高技术产业统计年鉴》。

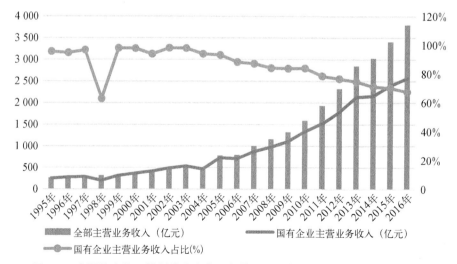

图6.7 中国航空航天器制造业主营业务收入及国有企业主营业务收入和占比

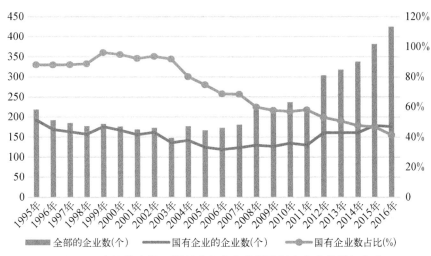

图 6.8 中国航空航天器制造业企业数量及国有企业数量与占比

从图 6.7、图 6.8 可以看出,1995—2016 年,航空、航天器及设备制造业国有企业的主营业务收入虽然不断增长,从 205.74 亿元增长到 2 569.89 亿元;但是,占全部主营业务收入比重从 2002 年后呈明显下降趋势,从 2002 年的 98.2% 下降到 2016 年的 67.6%。国有企业数量虽然呈现下降后上升的趋势;但是国有企业所占的比重下降趋势明显,从 1999 年的 96.17% 下降到 2016 年 41.41%。这说明航空、航天器及设备制造业民营主营业务收入所占比重在不断上升,这充分体现了军民融合给航空航天产业发展带来的巨大成效。再加上军民融合相关政策是陆续出台的,难以判断某项政策成效节点,因此,将军民融合政策以国有企业数量占整个航空、航天器及设备制造业的企业数量的占比来表示。选择国有企业数量占比而不是国有企业的主营业务产出的占比主要是为了降低对因变量主营业务产出的自相关性。

二、模型建立及结果

将航空、航天器及设备制造业全部主营业务收入(Y)作为因变量,固定资产投资(TZ)、人力资源(L)、R&D 研发经费(RD)、国有企业数量占企业所占比重(RH)等作为自变量;除了代表军民融合的企业数量比重外,其余均取对数(见表 6.4)。针对三个时间段,分别做三个模型,第一个是 1995—2016 年整体模型,反映的是近 22 年的情况;第二个是 1995—2009 年,反映的是前 15 年的情况;第三个是2002—2016年,反映的是后15年的情况。后两个模型的时间段区分,一是为了模型的稳定性,时间序列不能太短;二是为了更好地前后对比军民融合所带来的影响。

表6.4 模型指标及意义

指 标	数 据	意 义
Y	主营业务收入	产出
TZ	固定资产投资	资本
L	从业人员数量	人力资源
RD	R&D研发经费	技术
RH	国有企业数量占企业所占比重	政策壁垒变动

模型如下

$$\log(Y) = C + b_1\log(TZ) + b_2\log(L) + b_3\log(RD) + b_4 RH + \varepsilon$$

选取中国航空航天器及设备制造业1995—2016年、1995—2009年、2002—2016年三个时间段的数据来进行分析。

模型回归结果如下。

就航空、航天器及设备制造业而言,1995—2016年,固定资产投资及研发对于该行业的影响分别为0.40、0.24;也就是说,固定资产投资及研发费用增加1%,对于该行业的贡献分别为0.4%、0.24%;而人力资源对该行业的影响则为-0.16,这是因为1995—2005年航空航天器及设备制造业从业人员年平均人数一直处于下降的趋势,而在2005年之后才开始上升(见表6.5)。代表军民融合的企业数量比重这一变量的系数为-0.83,这是因为航空、航天器及设备制造业国有企业数量从1999年的96.17%下降到2016年41.41%。这进一步论证了航空、航天器及设备制造业民营企业数量比重的上升对于该行业发展是有利的,军民融合促进了该行业的发展。

表6.5 模型回归结果

类 别	1995—2016年	1995—2009年	2002—2016年
C	2.91(4.47***)	3.63(3.52***)	2.43(2.38**)
TZ	0.40(6.10***)	0.47(3.50***)	0.26(4.49***)

续 表

类　　别	1995—2016 年	1995—2009 年	2002—2016 年
L	−0.16(1.56)	−0.29(−3.57***)	0.65(2.21**)
RD	0.24(5.25***)	0.18(1.91*)	0.17(2.34**)
RH	−0.83(2.83***)	−0.59(−2.89***)	−1.79(3.94***)
R^2	0.99	0.98	0.99
$Aj-R^2$	0.99	0.98	0.98
F	513.57	156.12	245.04

注：***、**、*分别表示在1%、5%、10%水平下显著。

1995—2009年与2002—2016年两个时段相比较，可以清楚地了解到，第一，固定资产投资对于航空、航天器及设备制造业的贡献在下降，系数由0.47下降到0.26；第二，人力资源的贡献在增加，系数则由−0.29上升到0.65，这是因为2005年后航空航天器及设备制造业从业人员年平均人数一直处于上升阶段；第三，研发经费的贡献变化不大；第四，代表军民融合的企业数量比重这一变量的系数从−0.59下降到−1.79，军民融合是有利于该行业发展的。并且，从这几个影响因素的系数对比中可以看到，军民融合对产业发展的影响最大。

从1995—2009年和2002—2016年这两个时间段对比来看，军民融合政策在后期力度更大，对产业的影响也更为深刻。对比分析的实证结果也反映了这一点，两个模型军民融合政策的系数分别为−0.59和−1.79，后者为前者3倍。这也证明了从2004年开始，允许非公有资本进入国防科技工业建设领域，到2007年鼓励各类社会资本通过收购、资产置换、合资等方式进入军工民品企业，这一系列的政策对中国航空航天产业的发展起到了重要的促进作用。同时，也可以看到，固定投资对航空、航天器及设备制造业的拉动作用变小，行业发展影响因素贡献在变化，而人力资源的贡献越来越重要。

第三节　本章小结

中国航空航天业发展是宏观军事安全的需要、产业投资、科技研发、人力资源、政策等因素综合作用的结果。基于复杂的国家宏观安全形势，为了保障中国和平稳定发展，加强国防和军事力量建设尤其是具有中流砥柱地位的航空航天业是必要的。从军事角度上讲，空战在现代战争中已经占据着主导地位，航空航天产业的发展对于我国国防安全有着重要的意义，直接影响我国国家安全和国防力量。在考虑数据可获得性和完整性的条件下，本章用中国 21 个省市自治区的航空航天器制造业数据研究了三个因素——人力资源、投资、技术分别对产业发展的促进作用。全国整体的数据模型结果显示，投资对主营业务产出的拉动作用非常明显，并且对产业的积极作用是不断增加的。根据聚类分析的结果，将中国 21 个省市自治区的航空航天器制造业分为三类，不同类别三个影响因素的贡献程度有所区别。航空航天产业的发展中，从业人员的贡献度最大，其次是资本的贡献度，技术的贡献度比较稳定。

除了以上影响因素外，航空航天业的发展过程也是军民融合的过程，国家出台了许多促进军民融合、消除进入壁垒的政策，可以说军民融合是航空航天业发展的重要政策支持。航空航天发展的过程是进入壁垒不断变迁的过程，也是军民融合的过程。

为了进一步分析军民融合对中国航空航天产业发展的影响，本章第二节以航空、航天器及设备制造业为例，选取相关变量进行计量分析。用我国航空航天器制造业中国有企业数量占整个产业的企业数量来表示军民融合政策的推进，加上人力资源、R&D 投入、固定资本投入，对主营业务收入的贡献进行分析。实证结果显示，1995—2016 年的回归结果中，代表军民融合政策这一指标的系数为 -0.83，其绝对值是几个影响因素中最大的。在 1995—2009 年和 2002—2016 年这两个时间段中，军民融合政策在后期力度更大，对产业的影响也更为深刻。对比分析的实证结果也反映了这一点，两个模型军民融合政策的系数分别为 -0.59 和 -1.79，后者为前者三倍。这也证明了从 2004 年开始，允许非公有资本进入国防科技工业建设领域，到 2007 年鼓励各类社会资本通过收购、资产置换、合资等方式进入军工民品企业，这一系列的政策对中国航空航天产业的发展起到了重要的促进作用。军民融合作为国家战略，是促进产业发展的关键手段。同时，也可以看到，固定投资对航空、航天器及设备制造业的拉动作用变小，行业发展影响因素贡献在变化，而人力资源的贡献越来越重要。

第七章　结论及建议

第一节　结　论

本书首先进行了中国航空航天产业军民融合发展的进入壁垒理论分析,包括中国航空航天产业军民融合发展中进入壁垒的分类、表现和成因。

然后对中国航空航天产业军民融合发展中进入壁垒的历史及现状进行分析,包括中国航空航天产业军民融合发展的进入壁垒变迁。从军转民和民参军两个角度来分析,并对中国航空航天产业军民融合发展的进入壁垒进行案例分析,包括C919项目中的进入壁垒分析和商业航天发展的进入壁垒及与军民融合关系分析。

接下来对中国航空航天产业军民融合发展的进入壁垒进行实证分析,包括中国航空航天产业影响因素的实证分析,主要有中国航空航天产业发展的宏观安全形势研究,从军费支出角度实证分析了我国周边安全形势变化对军费的影响,中国航空航天产业发展的影响因素。另外还包括对人力资源、资本、技术、政府规制等因素的作用进行简要分析,中国航空航天产业发展影响因素贡献分析,军民融合政策对航空航天产业影响实证分析。将军民融合进程用国有企业数量占整个产业的企业数量比例来代表,与人力资源、固定资产投资、R&D投入作为影响因素,主营业务收入作为产出进行第二次面板模型分析,对比分析军民融合进程中政策壁垒消解对产业发展的影响。

最后,根据上文经验分析和实证分析的结果,对如何打破壁垒、合理利用壁垒,促进军民融合深度发展提出相应的建议。一方面对中国航空航天产业的发展提出一些建议;另一方面对军民融合方面的经济改革,尤其是航空航天产业的政府规制方面给出一些建议。本书的主要结论如下。

一、航空航天产业发展中主要存在着政策壁垒和市场壁垒

在中国航空航天产业军民融合发展中,主要存在着政策壁垒和市场壁垒。

其中,市场壁垒又包含规模经济壁垒、技术壁垒、必要资本量壁垒、产品差异化壁垒和信息不对称壁垒。这些进入壁垒在中国航空航天产业军民融合发展中有着不同的表现,一方面阻碍了潜在竞争企业的进入,另一方面也避免了过度进入导致的无效率。航空航天产业本身的高资本、高技术、高人力要求的特征导致产业本身的进入壁垒非常高,这一点在民参军的过程中得到显著体现。而军转民的过程中则由于军工企业本身的技术、资本、政策优势,进入民用领域时比较容易突破壁垒。

二、中国航空航天产业发展中不同性质进入壁垒的业务不断出现

随着中国航空航天产业的不断发展,不同性质进入壁垒的业务不断出现。规模经济壁垒和必要资本壁垒较低的业务如民用航空、商用航天中的服务业,一些随着时代的发展而扩展出的新市场领域,航空航天产业中的咨询类、金融类服务,以及商业航天中一些小型卫星发射服务,或是航空领域中一些区域性的航空服务等在航空航天产业中所占的比例不断增加。这些业务相较于传统航空航天制造业需要更强的竞争性环境才能提高效率,这些业务所需要的政策壁垒也与传统行业不同。

三、中国航空航天产业军民融合发展的政策壁垒对市场壁垒具有替代效应

在中国航空航天产业发展过程中,最开始的产业进入壁垒主要是政策壁垒,而市场壁垒几乎不发挥作用;随着军民融合的不断推进,政策壁垒不断降低;到现在,则是以政策壁垒为主而市场壁垒为辅的状态。在我国特定的转型经济条件下,垄断企业本身具有的政治资源和超额利润让在位企业很容易寻求进一步的政策管制的保护,而不是通过建立市场策略性壁垒来抵制新进入企业。对于现阶段我国的经济体制状况而言,在民营企业进入垄断行业的研究中,政策壁垒的重要性超过了市场壁垒。

政策壁垒对市场壁垒有一定的替代效应,这种替代效应表现在内容和作用上。从内容上说,政策壁垒如目前"四证"的要求,本身包含了对进入企业生产能力、资本、技术等的要求,这从内容上替代了市场壁垒如技术壁垒、必要资本量壁垒等的要求;从作用上说,政策壁垒的存在会削弱市场壁垒的作用,也

为寻租、效率低下、竞争不足增加了可能性。当一个企业存在政府关系时，它可能更容易通过政策壁垒，而当它通过政策壁垒，进入这个市场，由于市场的竞争不足，导致它面临的市场壁垒被减弱了。当市场被政策壁垒保护起来，那么在位企业之间的竞争大大减弱，市场壁垒无法发挥其本身的作用。也就是说，存在着这种可能性，进入企业并不一定是市场上资本实力、技术实力最强的，由于这种政策壁垒对市场壁垒的替代作用，让较弱的企业进入了市场，而更强的企业却无法进入。

四、政策壁垒的消解对中国航空航天产业的发展具有明显促进作用

从第五章的实证分析结果可以看到，军民融合的不断推进所导致的政策壁垒的消解在几个影响因素中对产业的促进作用最明显。而且，从1995—2009年与2002—2016年这两个时间段的对比来看，后期军民融合政策对产业的促进作用更为明显，是前者系数绝对值的3倍。这也证明，不断地放松规制，推进军民融合不断深化，是航空航天产业不断发展的一个重要推进因素。我国一直以来不断实施的军民融合政策对产业的促进作用非常明显，并且在不断增加。

五、人力资源对中国航空航天产业的发展起到关键促进作用

实证结果显示，除了军民融合政策之外的三个因素中，人力资源对产业发展促进作用最明显。研发投入的促进作用也要通过人力资源才能够实现。在实践调研中也发现，某军队人员曾表示部队需要一项技术，非常重视，也愿意投入资金，但是却没有人能够做出来。甚至表示，如果有人能做出来，国家出多少钱都可以。这是我国航空航天产业发展中对人才需求的一个表现。人才是产业发展的关键影响因素。技术的发展需要长时间的累积，除了科技革命，基本不可能在短时间出现一个跳跃。而且技术进步最关键的还是要依靠人，无论是数据还是实践都证明了这一点。

第二节 建 议

进入壁垒中的政策壁垒和市场壁垒在中国航空航天产业的发展中有着不

同的表现和作用。对于如何进一步打破政策壁垒、信息不对称壁垒,合理发挥市场壁垒的作用,促进军民融合中军用领域和民用领域不同要素和资源的流动与融合,本书主要有以下四个方面的建议。

一、区分航空航天产业不同属性业务,采取不同规制政策

根据航空航天产业进入壁垒的情况来区分行业内不同部分,可将其分为规模效应、必要资本量等壁垒不显著的一般竞争业务,规模效应、必要资本量进入壁垒较为显著的竞争业务,进入壁垒特别显著的自然垄断业务。例如,可以按照航空航天产业中的总承包商、分系统制造商和零部件制造商进行区分,大企业去搞总承包,小企业去搞零部件配套,中企业搞分系统制造。这些下游零配件生产厂商众多的部分业务,航空航天产业内一些服务类业务、咨询类业务、金融类业务,包括商业航天中一些小型卫星发射服务,或是航空领域中一些区域性的航空服务等可以划分为可竞争领域。这些可竞争领域的规模效应、必要资本量进入壁垒没有其他部分高,可以容纳较多的企业竞争。针对这些可竞争领域的航空航天业务,可以更多地放开政策限制,保持较低的进入壁垒,让市场发挥作用来优胜劣汰,自动调节企业的进入和推出,防止因为政策壁垒而导致的垄断,进而带来的低效率、社会福利减少、寻租等行为。对于进入壁垒特别显著又涉及国防安全的飞机制造中的核心业务和发动机制造等业务,则应该实施较为严格的政策管控。一方面是为了提高效率,避免无效竞争;另一方面,这部分业务我们面临的竞争对手主要是国外,例如,C919 大飞机业务、发动机业务。这些业务采取一定的垄断措施,集中国家力量进行研制能够显著提高我国在国际上的竞争力,提升产业效率。但是也要看到,对于目前中国航空航天产业中一部分规模经济和资本壁垒处于中间状态的业务,如一些零配件生产、分系统的研制等由于一直都由国企负责,已经存在缺乏竞争性、效率低下的问题,则应该适度放开政策限制的壁垒,通过推进军民融合政策,引导民营企业和资本进入,增强竞争活力、提高经济效率。

政府在建立规制的时候,除了放松进入壁垒,还需要将政府规制政策中的扶持政策致力于建立一个更公平的环境,唯有让市场公平地发挥作用才能引导市场资源有效配置。

二、完善军民信息通道,降低政策壁垒,充分发挥市场壁垒的作用

我国军民融合有很多成功案例,国外也有很多发展得非常成功的例子,这些成功案例有一个共同点都是放松国家管制,充分发挥市场的资源配置作用。具体到我国来说,可以放开科研招投标体系,进一步改革军工体制。但是,这里有一个重要前提是不存在信息壁垒,即让军民领域信息完全互通。也就是说,当政策壁垒失效,双方不存在信息不对称情况下,市场上的主体会根据自己对资源和市场的认识而自发地进行资源配置。有些企业有技术,有些企业有资金,有些则是有需求,当不存在政策管制,或者放松政策管制,那么资源会自发流动,从一个地方流动到另一个效率更高的地方。军工企业有许多高科技含量的技术,面对市场需求,当不存在政策限制且信息互通的情况下,民营企业会想方设法进入军工行业,参与竞争,这就是"民参军"。军工行业的企业面对竞争会努力使自己的资源价值最大化,就会将技术的外溢作用发挥出来,也就是我们所希望的"军转民"。而航空航天产业作为一个具有自然垄断属性和很高进入壁垒的产业,当行政管制失效时,那么对于航空航天产业中的规模效应壁垒、技术壁垒、必要资本量壁垒较高的业务,其市场壁垒会开始发挥作用,将低效率的竞争排除出去,留下能够突破这些壁垒进入的企业,进行寡头竞争。航空航天产业中具有竞争性、市场壁垒并不高的业务则会引入竞争机制,也会将资源进一步优化。这些都是充分发挥市场壁垒作用的过程。

三、合理利用政策性进入壁垒,保证国防安全

虽然对航空航天产业放松规制,努力让其市场化确实能够提高效率,促进产业发展。但事实上,航空航天产业不仅是我国的一个高科技产业,还是涉及国防安全的产业,必须考虑国防安全的维护。所以,政策壁垒不可能完全撤除,那些涉及国家机密和安全的业务必须进行限制,哪怕是以一定的效率损失为代价,还是需要将国外的资本和企业隔绝在这些业务之外,这并不是行政垄断,而是每个国家都在做的国家安全防护。只是,现在必须将这些业务严格限制在一定范围内,超出这些范围的则应尽一切可能将政策壁垒消除掉。此时,利用这些进入壁垒,可以多层次地实现国家的管控作用。

四、发挥人力资源的关键促进作用

从国家和政府层面来说,一方面,需要不断改进人才培养机制,在培养过程中要不断地引导学生参与项目研究,从实践中学习,培养科研和学术精神;另一方面,要继续完善高水平人才的引进机制,宣传中国航空航天制造业的优秀文化和精神,让更多的海外人才把学成归来、为国效力当作一个优先选择。从企业层面也需要不断改善人事制度,通过给予经济和落户等优惠政策吸引全球人才加入中国航空航天制造业。此外,针对人才结构失衡,应该学习发达国家对大型企业的管理理念,聘请管理理念先进的高级管理者以及金融人才,为中国航空航天制造业的系统运作和资本运作提供人才支撑。

参 考 文 献

[1] 保罗·克鲁格曼、罗宾·韦尔斯:《微观经济学》,中国人民大学出版社 2012 年版。

[2] 本刊编辑部:"习近平关于军民融合的重要论述集萃",《中国信息安全》2016 年第 8 期,第 54—55 页。

[3] 蔡毅:《展翼西航——中国式企业管理实践与探索》,企业管理出版社 2012 年版。

[4] 陈富良:"自然垄断行业:效率来自民营化还是来自竞争",《当代财经》2000 年第 4 期,第 52—80 页。

[5] 陈林、刘小玄:"自然垄断的测度模型及其应用——以中国重化工业为例",《中国工业经济》2014 年第 8 期,第 5—17 页。

[6] 陈明森:"论进入壁垒与进入壁垒政策选择",《经济研究》1993 年第 1 期,第 38—78 页。

[7] 陈明森:"市场进入退出与企业竞争战略",中国经济出版社 2001 年版。

[8] 陈伟、周文:"中国航空航天制造业自主创新效率研究",《哈尔滨工程大学学报》2014 年第 6 期,第 777—783 页。

[9] 陈小洪:"企业市场关系分析——产业组织理论及其应用",科学技术文献出版社 1990 年版。

[10] 陈晓和、靳子畅:"对非公有制经济参与国防科技工业建设的思考",《上海财经大学学报》2008 年第 10 期,第 89—96 页。

[11] 陈学云、江可申:"航空运输业规制放松与反行政垄断——基于自然垄断的强度分析",《中国工业经济》2008 年第 6 期,第 67—76 页。

[12] 程惠芳、陆嘉俊:"知识资本对工业企业全要素生产率影响的实证分析",《经济研究》2014 年第 5 期,第 174—187 页。

[13] 戴魁早、刘友金:"要素市场扭曲与创新效率——对中国高技术产业发展的经验分析",《经济研究》2016 年第 51 期,第 72—86 页。

[14] 戴小勇、成力为:"研发投入强度对企业绩效影响的门槛效应研究",《科学学研究》2013年第11期,第1708—1716页。

[15] 邓芳芳、张华勇、王磊:"沉没成本、行政进入壁垒与中国制造业市场结构",《经济问题探索》2015年第2期,第15—21页。

[16] 董晓辉:"军民融合产业集群协同创新的研究评述和理论框架",《系统科学学报》2013年第4期,第60—64页。

[17] 杜丹丽、康敏、杨栩:"军民融合发展中创新驱动系统构建研究",《经济纵横》2017年第4期,第48—53页。

[18] 杜兰英、陈鑫:"发达国家军民融合的经验与启示",《科技进步与对策》2011年第28期,第126—130页。

[19] 杜人淮:"国防工业全要素军民融合深度发展及其实现机制",《南京政治学院学报》2015年第31期,第57—63页。

[20] 杜人淮:"军民融合装备智能制造系统及其构建——基于制造全产业链视角",《现代经济探讨》2017年第5期,第5—10页。

[21] 杜人淮、马宇飞:"大国国防工业军民融合发展推动制造业转型升级探析",《地方财政研究》2016年第6期,第32—53页。

[22] 杜人淮、马宇飞:"国防工业军民融合水平测度与对策研究",《科技进步与对策》2016年第33期,第108—116页。

[23] 杜人淮、申月:"国防工业军民融合自主创新若干问题探讨",《科技进步与对策》2015年第32期,第113—119页。

[24] 樊恭嵩,《国防经济学》,福建人民出版社1987年版。

[25] 范合君、戚聿东:"中国自然垄断产业竞争模式选择与设计研究——以电力、电信、民航产业为例",《中国工业经济》2011年第8期,第47—56页。

[26] 弗里德曼:《统计学》,中国统计出版社1997年版。

[27] 盖庆恩、朱喜、程名望,等:"要素市场扭曲、垄断势力与全要素生产率",《经济研究》2015年第5期,第61—75页。

[28] 高晓东:"军转民除了技术,还要破什么局",2017,http://www.lwdf.cn/article_3243_1.html。

[29] 桂黄宝:"我国高技术产业创新效率及其影响因素空间计量分析",《经济地理》2014年第34期,第100—107页。

[30] 郭春、张光明:"高新技术产业自主创新能力研究——基于因子分析法

和聚类分析法",《工业技术经济》2009 年第 6 期,第 79—83 页。

[31] 郭鸿雁:"航空航天业创新能力的动态演进与空间格局——基于突变级数与聚类分析方法",《郑州航空工业管理学院学报》2016 年第 6 期,第 1—7 页。

[32] 郭永辉:"基于制度视角的军民融合技术创新分析",《科技管理研究》2014 年第 34 期,第 14—17 页。

[33] 贺琨、曾立:"军民融合机理的范围经济解释",《科技进步与对策》2015 年第 9 期,第 110—115 页。

[34] 贺新闻、侯光明、王艳:"国防科技工业的工业化路径:基于军民融合的战略视角",《科学管理研究》2011 年第 29 期,第 47—51 页。

[35] 胡红安、刘丽娟:"我国军民融合产业创新协同度实证分析——以航空航天制造产业为例",《科技进步与对策》2015 年第 32 期,第 121—126 页。

[36] 胡玉敏、杜纲:"美国民航放松管制的效应及其新问题",《生产力研究》2008 年第 10 期,第 102—104 页。

[37] 黄朝峰、鞠晓生、纪建强,等:"军民融合何以能富国强军?——军民融合、分工演进与报酬递增",《经济研究》2017 年第 8 期,第 187—201 页。

[38] 黄西川、张天一:"军民融合高技术产业集群创新能力评价——来自江苏省 5 个军民融合产业集群的实证研究",《科技进步与对策》2017 年第 34 期,第 147—153 页。

[39] 黄新华:"政府管制、公共企业与特许经营权竞标——政府治理自然垄断问题的政策选择分析",《东南学术》2006 年第 1 期,第 50—57 页。

[40] 黄佐钏:"上海高技术产业各行业效率变化研究——基于 Malmquist TFP 指数方法的实证分析",《中国科技论坛》2010 年第 3 期,第 45—55 页。

[41] 霍格林、莫斯特勒、图基:《探索性数据分析》,中国统计出版社 1998 年版。

[42] 姬文波:"党的十八大以来军民融合发展战略的深化与拓展",《国防》2017 年第 8 期,第 23—31 页。

[43] 江可申、李文绅:"从美国航空市场的发展看市场竞争形态的演变",《世界经济研究》2000 年第 4 期,第 59—63 页。

[44] 鞠晓生、黄朝峰:"军民融合、经济增长与大国战略——首届军民融合推

动经济转型发展论坛综述",《经济研究》2016 年第 51 期,第 190—192 页。

[45] 李斌、彭星、欧阳铭珂:"环境规制、绿色全要素生产率与中国工业发展方式转变——基于 36 个工业行业数据的实证研究",《中国工业经济》2013 年第 4 期,第 56—68 页。

[46] 李怀:"基于规模经济和网络经济效益的自然垄断理论创新——辅以中国自然垄断产业的经验检验",《管理世界》2004 年第 4 期,第 61—156 页。

[47] 李怀:"自然垄断理论的演进形态与特征",《经济与管理研究》2006 年第 8 期,第 26—33 页。

[48] 李怀、咸聿东:"规模经济不是自然垄断的成因——当代经济学理论谬误评析",《经济与管理研究》2005 年第 11 期,第 19—24 页。

[49] 李怀、咸聿东:"中国自然垄断行业规制体制改革研究",《经济管理》2006 年第 24 期,第 4—9 页。

[50] 李明志,柯旭清,罗金峰:《产业组织理论(第 2 版)》,清华大学出版社 2014 年版。

[51] 李平、仇方迎、吴献东:《大国之翼——中国航空工业战略转型与资本化运作》,中信出版社 2013 年版。

[52] 李平、于雷:"我国制造业产业进入壁垒分析",《经济与管理研究》2007 年第 11 期,第 43—48 页。

[53] 李世英:"市场进入壁垒、进入管制与中国产业的行政垄断",《财经科学》2005 年第 2 期,第 111—117 页。

[54] 李世英:"市场进入壁垒与产业的市场绩效研究——对中国制造业的实证分析",《经济体制改革》2005 年第 4 期,第 121—124 页。

[55] 李眺:"论可竞争市场与放松管制——以美国民航业为例",《外国经济与管理》2002 年第 9 期,第 25—29 页。

[56] 李艳华、陈萍:"世界航空制造产业国际转移的新趋势及我国承接转移的关键对策",《经济问题探索》2008 年第 12 期,第 37—165 页。

[57] 林步圣、石卫平:"中国航天产业发展浅析",《中国航天》2006 年第 8 期,第 18—21 页。

[58] 林木西、和军:"自然垄断行业所有制改革研究",《经济社会体制比较》2004 年第 2 期,第 48—54 页。

参 考 文 献

[59] 林蔚然、高露:"美国航天工业科研管理体制机制与调整措施",《中国航天》2007年第6期,第37—38页。

[60] 刘灿:"试论中国自然垄断行业放松管制的所有制基础与企业改革",《经济评论》2004年第4期,第55—59页。

[61] 刘春晖、赵玉林:"创新驱动的航空航天装备制造业空间演化——基于演化计量经济学的实证分析",《宏观经济研究》2016年第5期,第87—138页。

[62] 刘戒骄:"自然垄断产业的放松管制和管制改革",《中国工业经济》2000年第11期,第21—26页。

[63] 刘磊、邓环:"我国军事工业的技术溢出研究——以航空航天业为例",《科技进步与对策》2011年第14期,第55—60页。

[64] 刘小玄、张蕊:"可竞争市场上的进入壁垒——非经济垄断的理论和实证分析",《中国工业经济》2014年第4期,第71—83页。

[65] 卢周来、于连坤、姜鲁鸣:"世界各主要国家军民融合建设评介",《军事经济研究》2011年第2期,第67—71页。

[66] 陆剑锋、党耀国、曹明霞:"进入管制行业的集聚效应和社会福利——基于航空航天制造业的实证研究",《技术经济与管理研究》2014年第11期,第66—71页。

[67] 陆军荣:"所有权与自然垄断产业规制——组合模式及选择",《中国工业经济》2012年第8期,第30—42页。

[68] 罗党论、刘晓龙:"政治关系、进入壁垒与企业绩效——来自中国民营上市公司的经验证据",《管理世界》2009年第5期,第97—106页。

[69] 罗云辉、夏大慰:"自然垄断产业进一步放松规制的理论依据——基于对成本曲线的重新理解",《中国工业经济》2003年第8期,第50—56页。

[70] 孟昌:"规模经济不需要行政性进入壁垒的保护",《经济理论与经济管理》2010年第5期,第37—43页。

[71] 戚聿东:"资源优化配置的垄断机制——兼论我国反垄断立法的指向",《经济研究》1997年第2期,第23—29页。

[72] 戚聿东:"自然垄断管制的理论与实践",《当代财经》2001年第12期,第49—80页。

[73] 戚聿东、李峰:"垄断行业放松规制的进程测度及其驱动因素分解——

国际比较与中国实践",《管理世界》2016 年第 10 期,第 72—87 页。

[74] 秦臻、倪艳:"中国航空航天器制造业国际竞争力的实证测度",《世界经济研究》2006 年第 6 期,第 39—47 页。

[75] 舒本耀、李鹏、吕继超:"统筹推进优势民营企业参与装备科研生产",《装备学院学报》2015 年第 26 期,第 27—31 页。

[76] 宋占新、吴国蔚、彭光婷:"高技术产业保持竞争优势的战略研究",《商业研究》2007 年第 10 期,第 54—56 页。

[77] 宋占新、吴国蔚、彭光婷:"高技术产业保持竞争优势的战略研究",《商业研究》2007 年第 10 期,第 54—56 页。

[78] 苏东水:《产业经济学(第二版)》,高等教育出版社 2005 年版。

[79] 孙继威:"军民融合之军转民的困惑与破局思考",2017,http://www.xa.gov.cn/ptl/def/def/index_1121_6774_ci_trid_2353552.html。

[80] 汤吉军、郭砚莉:"沉淀成本、交易成本与政府管制方式——兼论我国自然垄断行业改革的新方向",《中国工业经济》2012 年第 12 期,第 31—43 页。

[81] 佟京昊、张媛:"民营企业参与航空航天领域建设的四个模式",《国防科技工业》2015 年第 2 期,第 53—54 页。

[82] 汪伟、史晋川:"进入壁垒与民营企业的成长——吉利集团案例研究",《管理世界》2005 年第 4 期,第 132—140 页。

[83] 王加栋:"航空工业军民融合发展研究",四川省社会科学院硕士学位论文,2009 年。

[84] 王杰、刘斌:"环境规制与企业全要素生产率——基于中国工业企业数据的经验分析",《中国工业经济》2014 年第 3 期,第 44—56 页。

[85] 王俊豪:《规制经济学原理》,高等教育出版社 2007 年版。

[86] 王俊豪:"论自然垄断产业的有效竞争",《经济研究》1998 年第 8 期,第 42—46 页。

[87] 王俊豪:"自然垄断产业市场结构重组的目标、模式与政策实践",《中国工业经济》2004 年第 1 期,第 21—27 页。

[88] 王俊豪、王建明:"中国垄断性产业的行政垄断及其管制政策",《中国工业经济》2007 年第 2 期,第 30—37 页。

[89] 王牛、田百慧,"中美航空公司业市场结构演化对比研究",《空运商务》2011 年第 9 期,第 4—7 页。

参 考 文 献

[90] 王廷惠:"市场过程内生的垄断:市场权势和自然垄断",《财经研究》2007年第1期,第26—54页。

[91] 王学庆:"垄断性行业的政府规制问题研究",《管理世界》2003年第8期,第63—73页。

[92] 王艳、潘明明、龚新蜀:"技术进步与产业结构升级:制度环境的门槛效应",《财经论丛》,https://doi.org/10.13762/j.cnki.cjlc.20170406.001。

[93] 王永水、朱平芳:"中国经济增长中的人力资本门槛效应研究",《统计研究》2016期第1期,第13—19页。

[94] 魏然、杨洪政:"美国航空运输业市场结构演变及其政策启示",《特区经济》2012年第1期,第95—98页。

[95] 吴延兵:"中国哪种所有制类型企业最具创新性?",《世界经济》2012年第35期,第3—29页。

[96] 吴照云:"航天产业结构及其与市场运行机制的差异性分析",《当代财经》2004年第10期,第67—70页。

[97] 吴照云:"航天产业与市场运行机制的兼容性分析",《中国工业经济》2004年第12期,第25—31页。

[98] 谢地、景玉琴:"论自然垄断与国有经济的关系——国际比较及中国视角",《社会科学战线》2003年第1期,第37—43页。

[99] 谢地、景玉琴:"自然垄断行业的政府规制经济学研究",《经济经纬》2003年第5期,第9—12页。

[100] 谢地、刘佳丽:"国外自然垄断行业政府监管机制研究述评",《经济社会体制比较》2012年第1期,第224—229页。

[101] 严剑峰、包斐:"军民融合型国家科技创新系统体系构成与运行研究",《科技进步与对策》2014年第22期,第89—96页。

[102] 杨大楷、魏巧琴、彭晓播:"跨国直接投资进入壁垒研究",《数量经济技术经济研究》2002年第5期,第88—91页。

[103] 杨德林、刘方、杨俊波:"中国航空工业企业技术创新能力评价",《清华大学学报》(哲学社会科学版)2004年第4期,第77—83页。

[104] 杨汝岱:"中国制造业企业全要素生产率研究",《经济研究》2015年第2期,第61—74页。

[105] 杨永忠、游文城:"民营经济进入航空运输业的结构性壁垒分析——基于制度间关系的视角",《中国工业经济》2008年第12期,第71—

81页。

[106] 姚博:《军民融合产业基地建设研究》,北京理工大学出版社2016年版。

[107] 于立、肖兴志、姜春海:"自然垄断的'三位一体'理论",《当代财经》2004年第8期,第5—11页。

[108] 于良春:"论自然垄断与自然垄断产业的政府规制",《中国工业经济》2004年第2期,第27—33页。

[109] 于良春、田蕾:"自然垄断产业进入规制成本与相关政策分析",《经济与管理研究》2005年第11期,第31—35页。

[110] 于宗林:"对全面贯彻'军民结合、寓军于民'方针的认识和理解",《中国军转民》2006年第9期,第5—16页。

[111] 余汉、蒲勇健、宋增基:"国有股权、企业经营环境与进入行业壁垒——一项基于民营控股上市公司的实证研究",《华东经济管理》2017年第31期,第154—162页。

[112] 余泳泽、张先轸:"要素禀赋、适宜性创新模式选择与全要素生产率提升",《管理世界》2015年第9期,第13—31页。

[113] 元方、杨海成、杨凌:"中国航天产业军民结合发展的现状及对策",《中国科技论坛》2008年第1期,第47—50页。

[114] 湛泳、赵纯凯:"军民融合推动产业结构优化升级的路径与机制——基于产业外部性视角",《北京理工大学学报》(社会科学版)2017年第1期,第116—123页。

[115] 张德全:"亲历航空军转民二十年(1979—1999)",航空工业出版社2015年版。

[116] 张晖、曲延芬:"经济转轨中自然垄断行业规制改革——竞争、所有制与激励机制选择",《财经科学》2006年第9期,第44—51页。

[117] 张纪海、乔静杰:"军民融合深度发展模式研究",《北京理工大学学报》(社会科学版)2016年第5期,第111—116页。

[118] 张纪康:"直接投资与结构性市场进入壁垒",《国际贸易》1999年第7期,第52—54页。

[119] 张云川:"中国航空航天业发展回顾与展望",《国防科技工业》2004年第11期,第12—13页。

[120] 赵澄谋、姬鹏宏、刘洁,等:"世界典型国家推进军民融合的主要做法分

析",《科学学与科学技术管理》2005 年第 10 期,第 26—31 页。

[121] 赵晓雷、严剑峰、张祥建:"中国航天产业后向关联效应及前向关联效应研究——以上海数据为例",《财经研究》2009 年第 1 期,第 74—85 页。

[122] 中国航空工业集团公司经理部、中国航空报社:《中国航空工业改革开放 30 年》,航空工业出版社 2008 年版。

[123] 中国经济增长前沿课题组:"突破经济增长减速的新要素供给理论、体制与政策选择",《经济研究》2015 年第 11 期第 4—19 页。

[124] 朱煜明、陈玮:"国际航空航天科技与装备发展战略管理经验及其对我国的启示",《机械制造》2010 年第 2 期,第 53—56 页。

[125] Airbus, 2016, "Airbus Global Market Forecast", 2015 - 2034. Available via http://www.airbus.com/company/market/forecast/.

[126] Alonso, W., 1964, *Location and Land Use*, Harvard University Press, Cambridge, MA.

[127] Aviation, Week, 2015, "Supply Chain Research Insights: Global Aerospace Industry Size and Growth", Available via http://aviationweek.com/master-supply-chain/supply-chain-research-insights-global-aerospace-industry-size-and-growth.

[128] Bailey, E. E. and Panzar, J. C., 1981, "The Contestability of Airline Markets During the Transition to Deregulation", Law and Contemporary Problems, Vol. 44. No. 1, pp. 125—145.

[129] Bain, J. S., 1959, *Barriers to New Competition: Their Character and Consequences in Manufacturing Industries*, Harvard University Press, Cambridge, MA.

[130] Bain, J. S., 1959, *Industrial Organization*, Wiley, New York.

[131] Baumol, W. J., Panzar, J. C., Willig, R., 1982, *Contestable Markets and the Theory of Industry Structure*, Harcort Brace Javonovich, Inc., New York.

[132] Breyer Stephen, 1982, *Regulation and Its Reform*, Harvard University Press, Cambridge, MA.

[133] Charles, K. N. and Seabright, P., 2001, "Competition, Privatisation and Productive Efficiency: Evidence from Airline Industry", The

Economic Journal, Vol. 111, No. 473, pp. 591—619.

[134] Corallo, A., Lazoi, M., Secundo, G., 2016, "An Interpretative Model from the Elasticity Theory to Explore Knowledge Integration in New Product Development", *Knowledge Management Research & Practice*, Vol. 14, Issue 4, pp. 478—488.

[135] Daniel, Guffarth, 2015, "Hartley, Keith: The Political Economy of Aerospace Industries: A Key Driver of Growth and International Competitiveness?", *Journal of Evolutionary Economics*, Vol. 25, Issue 2, pp. 537—539.

[136] Demsel, H., 1982, "Barriers to Entry", *American Economic Review*, Vol. 72, pp. 47—57.

[137] Demsetz, H., 1973, "Industry Structure, Market Rivalry, and Public Policy", *Journal of Law Economics*, Vol. 16(1), pp. 1—9.

[138] Dxixit, A., 1981, "The Role of Investment in Entry Deterrence", *Economic Journal*, Vol. 90, pp. 95—106.

[139] Fujita, M., Krugman, P., Venables, A., 1999, *The Spatial Economy, Cities, Region and International Trade*, MIT Press, pp. 133—150.

[140] Fujita, M., Thisse, J., 2013, *Economics of Agglomeration: Cities, Industrial Location, and Globalization*, Cambridge University Press, pp. 99—148.

[141] Hummels, David, 2007, "Transportation Costs and International Trade in the Second Era of Globalization", *Journal of Economic Perspectives*, Vol 21(3), pp. 131—154.

[142] John, McDonnell, 1989, "The Changing Aerospace Marketplace", *American Manufacturing in a Global Market*, pp. 63—67.

[143] Keith, Hartley, 1993, "Aerospace: The Political Economy of an Industry", *Progress in Intercalation Research*, Vol. 18, pp. 307—335.

[144] Klump, R., De La Grandville O, 2000, "Economic Growth and the Elasticity of Substitution: Two Theorems and Some Suggestions", *The American Economic Review*, Vol. 90(1), pp. 282—291.

[145] Li, S., 2004, "The Puzzle of Firm Performance in China: An Institutional Explanation", *Economics of Planning*, Vol. 37, pp. 47—68.

[146] McAfee, RP, Mialon, HM, Williams, MA, 2004, "What is a Barrier to Entry". *American Economic Review*, Vol. 94(2), pp. 461—465.

[147] Modigliani F, 1958, "New Developments on the Oligopoly Front", *Journal of Political Economy*, Vol. 66(2), pp. 215—232.

[148] North, D., 1990, *Institutions, Institutional Change, and Economic Performance*, Cambridge University Press.

[149] Rietjens, S., 2016, "Civil-Military Interaction: From Practice to Theory", In: Lucius G., Rietjens S. (eds), *Effective Civil-Military Interaction in Peace Operations*, Springer, Cham.

[150] Shepherd, W. G., 1984, "'Contestabilty' Versus Competition", *American Economic Review*, Vol. 74, pp. 572—587.

[151] Stigler, G. J., Richard, D., Irwin, 1968, "The Organization of Industry", *Homewood*, IL.

[152] Strube, G., Eloot, K., Griessmann, N., Dhawan, R., Ramaswamy, S., 2017, "Trends in the Commercial Aerospace Industry", In: Richter K., Walther J. (eds) *Supply Chain Integration Challenges in Commercial Aerospace. Springer*, Cham.

[153] Sutton, J., 1991, *Sunk Costs and Market Structure*, MIT Press, Cambridge.

[154] Sutton, J., 1999, *Technology and Market Structure*, MIT Press, Cambridge.

[155] Sylos, Labini P, 1962, *Oligopoly and Technological Progress*, Harvard University Press, Cambridge, MA.

[156] Symeonidis, G., 2001, *The Effects of Competition: Cartel Policy and the Evolution of Strategy and Structure in British Industry*, MIT Press, Cambridge.

[157] Theodore H. Moran, David C. Mowery, 1994, "Aerospace and National Security in an Era of Globalization", *Science and*

Technology Policy in Interdepe, pp. 173—198.

[158] Tremblay VJ, Tremblay CH, 2005, *The U. S. Brewing Industry: Data and Economic Analysis*, MIT Press, Cambridge.

[159] Von Weizsacker, C. C., 1980, "A Welfare Analysis of Barriers to Entry", *Bell Journal Economics*, Vol. 11(2), pp. 399—420.

[160] Von Weizsäcker, C. C., 1980, *Lecture Notes in Economics and Mathematical Systems*, Vol. 185. Springer, Berlin, Heidelberg.

图书在版编目(CIP)数据

中国航空航天产业发展模式转变的实证研究/吴燕著. —上海：复旦大学出版社，2020.5
ISBN 978-7-309-14851-0

Ⅰ.①中… Ⅱ.①吴… Ⅲ.①航空航天工业-工业发展-研究-中国 Ⅳ.①F426.5

中国版本图书馆 CIP 数据核字(2020)第 025927 号

中国航空航天产业发展模式转变的实证研究
吴　燕　著
责任编辑/鲍雯妍　张雪枫

复旦大学出版社有限公司出版发行
上海市国权路 579 号　邮编：200433
网址：fupnet@ fudanpress.com　http：//www.fudanpress.com
门市零售：86-21-65642857　　团体订购：86-21-65118853
外埠邮购：86-21-65109143
江苏凤凰数码印务有限公司

开本 787×960　1/16　印张 9.25　字数 148 千
2020 年 5 月第 1 版第 1 次印刷

ISBN 978-7-309-14851-0/F・2672
定价：36.00 元

如有印装质量问题，请向复旦大学出版社有限公司发行部调换。
版权所有　侵权必究